劳特利奇法律知识指南

[英] 加里·斯莱普尔
Gary Slapper

[英] 大卫·凯利 ——— 著
David Kelly

陈生梅　邓银巧 ——— 译

江苏人民出版社

图书在版编目（CIP）数据

劳特利奇法律知识指南 /（英）加里·斯莱普尔，
（英）大卫·凯利著；陈生梅，邓银巧译. -- 南京：江
苏人民出版社，2022.10
书名原文：Law：The Basics
ISBN 978－7－214－27848－7

Ⅰ．①劳…　Ⅱ．①加…　②大…　③陈…　④邓…　Ⅲ.
①法制史－研究－英国　Ⅳ．①D956.19

中国国家版本馆 CIP 数据核字(2023)第 003592 号

书　　名　劳特利奇法律知识指南
著　　者　[英]加里·斯莱普尔　[英]大卫·凯利
译　　者　陈生梅　邓银巧
责任编辑　汪意云
责任监制　王　娟
装帧设计　刘　俊
出版发行　江苏人民出版社
地　　址　南京市湖南路 1 号 A 楼，邮编：210009
照　　排　南京私书坊文化传播有限公司
印　　刷　江苏凤凰扬州鑫华印刷有限公司
开　　本　787 毫米×1092 毫米　1/32
印　　张　7
字　　数　140 千字
版　　次　2023 年 6 月第 1 版
印　　次　2023 年 6 月第 1 次印刷
标准书号　ISBN 978－7－214－27848－7
定　　价　48.00 元

（江苏人民出版社图书凡印装错误可向承印厂调换）

译 者 序

"法者，国之权衡也。"

——商鞅

亘古亘今，治国无法则乱。过去，法律被调侃为两种，一种服务于达官显贵，另一种制约着贫苦百姓。而当今社会，法律真正充当着保护公民的权杖角色。每位公民依法享有法律赋予的权利，同时承担相应的法律责任。由于法律的制衡，人类的生存空间才会趋向自由、公正、和谐、平等、法治和安全。在国际社会高度融合的进程中，仅了解本国法律不足以应对纷繁复杂的法律纠纷，《劳特利奇法律知识指南》一书，便于国内法律从业人员全面地了解英国法律体系。

《劳特利奇法律知识指南》（*Law：The Basics*）由加里·斯莱普尔（Gary Slapper）和大卫·凯利（David Kelly）联合撰写，并于 2011 年 1 月在劳特利奇出版社出版发行。加里·斯莱普尔系英国开放大学法学教授、法学院院长、《泰晤士》法律专栏作家；大卫·凯利曾任斯坦福德郡大学法学院首席法学讲师。

本书通俗易懂、丰富生动、严谨准确地再现了与社会生活息息相关却又错综复杂的英国法律体系,为广大读者展开了一幅英国法律知识的画卷,也为法律从业人员补给了专业知识。本书主要涉及法律如何制定、法官怎样断案、欧盟在法律制度中的作用、合同法中公民的权利和义务、何为犯罪行为、何为刑事辩护等关键话题。具体章节包括:第一章,法律的分类,基于不同标准,主要介绍了法律的各种分类,包括:刑法与民法、普通法与民法、普通法与衡平法、普通法与成文法、公法与私法等;第二章,法律是如何制定的,通过案例再现,主要回顾法律渊源——立法的相关内容;第三章,解释立法,从法官和律师层面解读立法的意义;第四章,法官是如何判案的,借助典型案例分析,解读法官如何运用英国立法及判例法断案;第五章,欧盟法,涵盖了欧盟法的发展、基本条约、议会主权、欧洲法和法院、欧盟法的渊源等内容;第六章,人权,包括了《欧洲人权公约》和《1998年人权法》的相关内容;第七章,陪审团,侧重介绍了英国陪审团制度;第八章,刑法,包含了刑法的定义、犯罪的分类、刑事责任的构成要件、一般辩护理由、自我防卫和预防犯罪等内容;第九章,合同法,涵盖了合同的成立、合同的内容以及合同解除的相关内容。本书最后汇总了所用术语,术语表来自英格兰和威尔士的司法术语表。

本书得以顺利翻译与出版,系集体智慧的结晶,由衷感谢兰州大学法学院吴双全教授对全书法律术语及专业知识的总体审定,感谢兰州大学外国语学院摆玉萍副教授的加入与校对工作,感谢兰州财经大学陇桥学院付春红老师参与翻译部分章节。

最后，感谢江苏人民出版社对本书的出版给予的大力支持，甚至在因不可抗力原因导致版权过期后，再度启动，出版本书。尤其要感谢汪意云编审，本书曲折漫长的翻译和出版过程中，汪编审劳心劳力，事无巨细，操持助力，她的敬业精神及对作品出版的推动工作令人动容，亦感慨于济济人世存在的这股清流，使我等学术著作译者心中无限温暖，亦增加了继续汇入清流的信心和信念。

借此书出版之际，向北京师范大学已故的朱红文教授表达致意及缅怀之情，本书原系朱教授计划翻译引进的系列丛书中的一部，朱教授一直致力于译介国外学术经典，将国外最新的研究成果引入国内，推动国内学术研究与国外接轨，并服务于国内研究人员，他志存高远，奈何英年早逝，令人痛心且惋惜！

陈生梅

2021 年 3 月于兰州大学

目录

Contents

—

前　言

　　法律无处不在。有位喜剧演员评论道："过去曾经有两套法律，一套用来服务富人，一套用来约束穷人——但现在的法律成百上千，服务于每位公民。"尽管法律及其程序数目繁多，我们仍能以合理篇幅的文字来解读法律制度运作的基本原理，而这正是撰写本书的目的所在。

　　有组织的法律教育开端并不顺利。在伦敦启动伊始，就被谴责为非法活动，并被强行叫停。当时的英国国王亨利三世认为，百姓四处探听法律条款内容，并发表评论，是种相当糟糕的行为。

　　1234 年亨利颁布诏书，关闭 13 世纪初伦敦创办的法学院。诏书中写道：

　　　　整个伦敦城，严令禁止任何人开办法学院，或者教授法律课程……如若有人违反禁令，伦敦市长和治安官将会立即出面阻止。

　　与过去相比，现如今法律已成为高等院校的热门专业。

几个世纪以来,罗马法和教会法都是古典大学的课程,伦敦的律师学院(the Inns of Court in London,一所学术机构,所有高级律师必须前往学习)被视为17世纪的"法律大学",当时的牛津大学和剑桥大学均没有系统地教授英国法,英国国内法的系统研究,依然属于相对新颖的研究方向。19世纪初的法律教育与当代法律教育没有丝毫相似之处——取得律师资格(called to the bar,也有"约到酒吧聚会"之意),成为一名辩护律师,只需在酒馆里吃吃喝喝。实际学习法律的过程,就如同学徒习艺一般:学会观察并提供帮助。当今有一种说法,两至三年的辩护律师实习,其实就是学会用莫名其妙的语言,讲述一个简单的故事。

英国首位杰出的学院派律师,系18世纪牛津大学教授威廉·布莱克斯通爵士(Sir William Blackstone),他曾试图把英国法打造成独立的法律课程。1826年,杰里米·边沁(Jeremy Bentham)的弟子们在伦敦大学学院确立了英国法的学术学位。1839年,英国法专业首届毕业班三位学生顺利毕业。

如今,法学是大学里申请率最高的课程。法学课程的内容也因时而异。为了响应社会发展,法学课程也取得了长足的进展。例如,计算机与互联网社会带来了计算机法课程方面的书籍。实际上,在最近几年里,现代法学的基础科目(合同法、侵权行为法、家庭法)的大部分内容均有所变动。1900年之前,如今所开设的大部分法律科目,要么根本不存在,要么教学大纲完全不同于当今的同名科目。法律必须要适应社会的变化,相应地,法律研究、法律教育以及法律培训也要适应这种变化。例如,如今,刑法已成为核心法律课程,然而相对于法律制度的千年历史而言,"刑法"的专用教学大纲及课本才仅仅存在了一个多世纪。当下,体育法、媒体法、知识产权法、移民与庇护法、国际刑事司法的研究领域和实践领域,都占据着举足轻重的地位,然而 50 年前,以上法律均不属于法律知识体系及法理学或法律课程的重要组成部分,也不属于法律文献探究的主题。

如今,过分强调法律的重要意义绝非易事。法律几乎影响到每一个人,并几乎涉及生活的方方面面。通过学习法律,可以了解现代社会的运作方式。

加里·斯莱普尔

大卫·凯利

2011 年 1 月

第一章

法律的分类

　　法律的分类方法多种多样。由于目的不同,可以采用各种方法对法律进行分类,就类似于对人进行分类。从人群中随机选取 100 个人,可以按照身高、体重、年龄、职业、肤色、血型、出生地或者其他各种标准进行分类。一位女音乐家,年龄 34 岁,身高约 170 厘米,黑头发,体重 50.8 公斤,出生于香港,O 型血,按照不同的人群分类方法,可以把她归入 100 个人中各种不同的人群小组里。

　　同理,可以按照不同的标准对法律进行分类。英国现行的法律数量众多,数百年来形成的卷帙浩繁的判例报道,议会制定的成文法和管理办法,以及浩瀚的欧洲法律和欧洲人权法。

　　就现行法律整体而言,划分依据是起源于判例法(因判例而定),还是成文法(由议会制定),还可以是私法(即用于作为公民或组织的人们私人关系的法律,例如合同法)还是公法(很大程度上适用于所有人的法律,例如刑法)。

一笔交易、一种关系或一次事件,常常会牵涉许多相关的法律和若干种不同的法律类型。来看看下面这个案件:一辆在高速公路上疾驰的卡车,与一辆停在紧急停车带的小汽车相撞,导致站在小汽车近旁的一人死亡,之后这辆卡车撞毁了高速公路的护栏,冲向路堤,跌落在铁轨上,而此时一辆火车正好驶来。此案可用各种不同类型的法律来进行归类,如下所示:

◎ 对卡车司机危险驾驶的刑事指控。

◎ 对卡车司机危险驾驶致使一人死亡的刑事指控。

◎ 假如卡车上装的刹车片和制动盘刹车质量低劣,货运公司所属车队中也装有同类零部件,并且货运公司清楚其中存在危险,作为法人很可能被控犯有非预谋杀人罪。

◎ 仰仗罹难者的被抚养人,可对卡车司机及其雇主的疏忽侵权行为提起民事索赔。

◎ 亲眼目睹了现场恐怖伤亡的人,因受到过度惊吓,可对卡车司机及其雇主的疏忽侵权行为提起民事诉讼。

◎ 铁路运输公司或其他公司,在事故发生后因铁路无法正常运营,致使营业被迫中止数天,可对卡车司机和货运公司的疏忽侵权行为提出赔偿经济损失的民事诉讼。

◎ 该起事故很可能延误了许多要如期举办的重大商业活动。例如,流行乐队或管弦乐团无法抵达大礼堂,如期举办晚上的演出(属于日程紧张的全球巡演,此地仅此一次),由此引起对合同违约的民事诉讼或者保险赔偿。此案依据的是涉及违约的法律和"不可抗力"因素。

最后4条索赔诉讼经法院认定后,可由被告人的保险公司予以赔偿。

下面是有关法律分类的多种方法。

1.1　刑法与民法

刑事案件通常由国家提起诉讼,犯罪行为小到涂鸦、大到谋杀等。如果被告人有罪,就会受到惩罚。民事案件由公民或组织提起诉讼,通常,其目的要么是得到赔偿,要么是获取让某人做某事或停止做某事的法庭命令。

1.1.1　刑法

归根到底,刑法是所有司法制度的核心,因为刑法是法律的构成部分,加强法律制度并执行法令。所有的民法法庭命令都具有对违背法庭命令的行为进行刑事裁决的效力。最终,针对藐视法庭罪、伪证罪和破坏公共司法罪,刑法支持民法、家庭法和私法事务中证人的证词。英国的法律多种多样,都由法院负责执行,不服从法院执法属于犯罪行为。

犯罪行为具有什么显著特征呢?认定一种不法行为属于犯罪行为,而另一种不法行为属于民事过错行为,其中的依据是什么呢?事实上,就此而言,根本不存在可以区分不法行为的科学方法,因为犯罪行为的性质因历史情境的变化而异,因此也不可能进行确定。正如学者格兰维尔·威廉斯(Glanville Williams 1983)所说:

> 犯罪行为(或称违法行为)是一种违法行为,将会面临刑事诉讼和刑事处罚。

过去,放贷取息属于高利贷犯罪,如今,银行家成功放贷则会因此获得贵族爵位。可卡因曾是合法的麻醉剂,用于娱乐目的和治疗牙痛,而如今,可卡因却属于违法药剂。

如果问起"什么是犯罪行为",有人会说"犯罪是应受处罚的犯罪行为"。这个答案可以说是陷入了循环论证的困境,接下来可以说"是的,但是国家可能会将什么行为认定为犯罪行为并进行处罚呢?"为了避免针对犯罪行为进行循环定义、绕来绕去,有些著作力求根据刑法明令禁止的行为的严重性来解释犯罪行为的性质。

于是,格兰维尔·威廉斯做出了最后让步,他认为(1983):

> 犯罪行为是一种应当受到严厉谴责,并促使权力机构(立法机构或法官)在普通法院宣告应受处罚的行为。

这个定义有助于理解"犯罪行为"的概念,但没有指出"应当由谁来严厉谴责"。这与 19 世纪法国学者埃米尔·涂尔干(Emile Durkheim)的看法有关。他探讨了谴责、惩罚越轨行为有助于提高集体"社会意识"的方式。人们愿意团结在一起,谴责他们认定的不法行为,借此加强团结。因此,刑法可以增强社会凝聚力。

犯罪的公共性质是有据可依的,因为严格地依法而言,法律允许任何公民对一项罪行提起诉讼。起诉人不必像民事诉讼那样证明个人利害关系。每年的诉讼案件大约有 200 万起,其中 20% 并不是由刑事起诉署提起诉讼,而是由其他起诉人起诉的,包括商店、教育福利服务中心、公用事业公司和交通机构。由私人提起的诉讼大约占 2%。

刑事诉讼中任何人都可以起诉,而民法则不同,诉讼当事人需要表明特定的身份,比如,1987 年霍姆斯诉切克兰德案(Holmes v Checkland),在阻止英国广播公司播放由烟草公司赞助的斯诺克锦标赛中,法庭否决了一名反对吸烟的起诉人的"起诉资格",因为他和其他人一样与本案毫无利害关系。他只有得到总检察长(Attorney-General)的协助才能继续上诉。这里的"起诉资格"一词来源于拉丁语词组"locus standi",即"出庭权",在既往案件中,指的是个人受到影响后有资格起诉。

出于公共利益的考虑,法院不会过多限制由谁来起诉犯罪行为。根据《1985 年犯罪起诉法》(Prosecution of Offences Act 1985)第 24 条,总检察长提出申请后,高等法院会限制"无理缠诉"起诉人,就是胡搅蛮缠、久诉不息或明显进行带有恶意起诉因而被取消上诉资格的起诉人。假如政府法律机构认定个人起诉属于不当行为,总检察长就会接手,目的是为了让起诉人撤诉。这一程序称为"原告撤诉"(nolle prosequi,拉丁语的意思是"撤诉")。

但是,正如 1832 年国王诉伍德案(R v Wood)所做的裁决那样,公民一旦起诉,就不能随意撤诉,因为起诉不仅关乎个人,而且会影响到所有公民。如果起诉顺利并最终判刑,那么起诉人就无权赦免,只能由英国国王(女王)发布特赦令。

1.1.1.1 刑法的渊源

作为一种社会管控手段,刑法的重要性毋庸置疑。早在1843年,刑法委员会委员们就强调:"刑法的作用至高无上,其他法律能否实施,都取决于刑法能否恰当执行。"过去150多年来,刑法的重要性分毫未减。刑法作为与公众联系最为密切的法律形式,在意识形态方面具有至关重要的意义,也具有某种特征,提高了公众对"法律"的信任度。

刑法属于与众不同的法律,对刑法的兴起所做的种种解释大相径庭。有些学者认为,刑法的发展过程相当混乱无序。例如,回顾19世纪发生的变化,哈丁(Hardin 1966)认为,成文法"罗列了哪怕只有细微差异的犯罪行为,却长久以来置一般原则于不顾",而这些成文法却逐渐形成了刑法。

事实证明,在早期,中世纪的刑法深受宗教的影响,尽管判刑仍然具有惩罚或相当于惩罚的性质,但是惩罚不再是根据受害人的索赔要求,直接考虑受害人的损失,而是作为上天的惩罚,具有了更高层面的普遍意义。通过这种方式,宗教试图将救赎的精神追求和补偿损害的物质层面相结合,于是,依据个人复仇原则所制定的刑法中,构建起更加行之有效的公共秩序维系模式。

认为犯罪是因"邪恶"或"罪恶"而做出的错误行为,得到了宗教及其忏悔救赎观的支持。1066年之后,在诺曼王朝统治下,王室开始掌控刑事法院,来保障"国王的安宁"。然而,王室的掌控程度非常有限,因为将罪犯起诉正法的主动权仍然掌握在受害人及其亲属手中。

苏格兰古代法律中的重罪上诉(appeal of felony)是对罪犯采取的起诉行为,旨在惩罚罪犯,没收重罪罪犯的财产,财物归国王所有,土地归封建领主所有,而受害人则一无所获。王室小心翼翼地维护着起诉权,不经王室许可,受害人私下解决(私自收取罪犯的钱财)属于犯罪行为。由于有些原告不顾重罪行为的性质,在民事法庭起诉,再加上上诉程序存在严重缺陷,因而导致王室收入锐减,于是,12世纪,王室决定采用全新的直接刑事程序。这就是现代刑法司法制度的渊源。如今,每年的上诉案件多达上百万,刑法学成为大学所有刑法课程的核心组成部分,也成为最著名的法律分支。

1.1.2　民法

词汇的意义因使用场合不同而千差万别。例如,单词"rich"的意思因所属句子不同而千差万别,取决于语境。可以将拥有大笔财富或财富丰盈的人称为rich(富人)。如果食物中富含大量脂肪或蛋白质,甚至香料,就可称食物rich(油腻)。如果声音圆润饱满或底气十足,是说音色rich(饱满)。谈到个人主张或陈述"that is rich coming from you",此处rich指非常有趣和可笑。同样,语境不同,短语"civil law"的意思也必然千差万别。

民法可用于指法典法(Code law,法国或美国的法律),因而与英国等国家的普通法法系区分开来。还有些情况下,"民法"指罗马法(Roman law)。不过在英国最常见的是,"民法"指那些用于处理民事诉讼案的法律,常见的有:合同违约案、非法妨害案、过失案或诽谤案等,此类民事诉讼案的目的,是出于个人或公司利益考虑,声明有权获得金钱或财产赔偿,并付诸实施。

民事诉讼案不同于之前提到的刑事诉讼行为(criminal prosecution),也不同于依照公法或行政法审理的案件。对于刑事犯罪行为,须以国家的名义进行惩罚,因其会影响整个社会。同样地,公法或行政法案件意在阻止妨碍公众的行为,保障普通公众的利益。

在民事诉讼程序中,提起诉讼的个人或组织被称为起诉方[claimant,《1998年民事诉讼法》于1999年实施之前,起诉方被称为原告(plaintiff)]。假如民事诉讼的起诉方胜诉,则被告应接受处罚,判决被告去补偿或赔偿原告的损失,或遵照法庭命令履行合同(法庭命令规定了具体的履行方式),或遵照法庭命令执行或禁止执行(禁令)。

民法主要包括合同法(contract law)和侵权法(tort law)。

1.1.2.1 合同法

合同是可强制实施的协议。在早期人类社会中,人们生活在小规模、家庭型、亲属型或部族型社群中,彼此熟悉,因此,没有必要制定任何规章制度,来确立在哪个方面、什么情况下需要签订合同,如何强制执行合同。不过,社会日趋复杂,每天每小时,在陌生人之间,都会有数以千计的交易发生，制定一部完备的合同法就愈加必要。英国的人口有 6000 万，每星期签订的合同数以亿计。每次商店或网上购物行为，或每次购买火车或汽车票行为，都在签订合同。一位撰写合同文件的资深人士曾这样说道：

> 合同的形式和范围各不相同。有的涉及大宗款项，有的金额微不足道。有的合同期限很长，而有的则期限很短。合同的内容变化多样，可能包括销售合同、租购合同、雇用合同和婚姻协议等。

（Mckendrick 2003：1）

阅读一本合同法专著，就会发现上百个潜在的争议点。签约双方或多方明确赞同协议条款的情况下，合同的签订是否得当？合同一方是否违约或做出相当于违约的行为？由于错解或误读而签订的协议是否依然受合同法的保护？违约后可以采取哪些补救措施？

以下是按照合同法判决的案件。按照合同法的基本原则，若要达成具有约束力的合同，那么对要约的承诺必须通知到要约人。假如我要对你的要约做出承诺，就必须把对要约的承诺通知到你。在恩托里斯公司诉迈尔斯远东公司案（Entores Ltd. v Miles Far East Crop，1955）中，法庭从技术层面关注"100 吨日本电解铜"交易完成的具体城市，其他问题都由此产生。法院不得不考虑用电传机（传真机的前身）在阿姆斯特丹发出的要约承诺通知到伦敦的要约人的具体城市。要约承诺生效是在发报者输入时还是在另一端打印出要约承诺呢？上诉法院裁定，伦敦方面的办公室打印出电报信息后，才能认定交易达成了。

上诉法院法官丹宁（Denning）说，如果对要约做出的口头承诺被飞机轰鸣声压过了，要约人没有听到受要约人的承诺，那么合同就没有完成。要约人和受要约人通过电话协商时，受要约人做出了承诺，但是线路中断，导致要约人未能听到对要约的承诺，合同也没有完成，因为要约承诺未能通知到要约人。不过，假如受要约人的要约承诺表述得清清楚楚，而且可以听见，但要约人却没有听到，这种情况下，除非要约人清楚地告知受要约人自己没有听到，否则视为合同达成。

使用电话或电报等"即时通讯"设备时，要约人在自己所处之地收到要约承诺之时，就可裁定要约承诺即刻生效。

1.1.2.2　侵权法

侵权法涵盖各种各样的民事过错行为，广义来讲，是指合同违约后，对个人或组织造成伤害、损坏或损失的过错行为。"tort"一词并不常用，是个古老的法语术语，意思是"侵权行为"。源自拉丁文"tortus"，意思是"扭曲"或"歪曲"。犯有侵权罪的人在法律上被称为侵权行为人（tortfeasor）。

侵权行为民事诉讼最大的领域之一是过失不法行为。法院需要审理的案件量极为繁重。2005 年，法院受理了 9000 多起此类案件。

过失侵权行为民事诉讼案包括因车祸、运动事故和医疗事故而引起的诉讼案。诉讼对象往往是汽车司机、卫生局、地方教育局，还有会计和律师等专业人士。其他侵权行为包括诽谤（defamation）、妨扰个人（private nuisance）、袭击（assault）、非法监禁（false imprisonment）、非法侵入（trespass）和仿冒（passing off）。仿冒指的是通过使用图标、标识或网站风格来误导公众，使其相信所售商品或服务由另一家更著名的公司生产或提供，从而促成交易，实则不实地使用了设计或包装商标。

对于在自己的土地或房产范围内的到访者造成的损害，土地所有者和占有者负有责任，也属于侵权行为。同样地，由动物或残次品造成损害的责任也属于侵权行为。

过失是侵权行为法中相对成熟的领域。1932 年，在多诺霍诉史蒂文森案（Donoghue v Stevenson）中，麦克米伦勋爵（Lord Macmillan）提出了针对民事过失法的重大声明。他说："人类的错误多种多样，造成过失行为的缘由也可能多种多样。为适应不断变化的社会环境和社会标准，法律责任的概念也可能会发生变化。"法律正是因此而不断发展的。

2004 年巴伯诉萨默塞特郡议会案（Barber v Somerset County Council）显示了法院应用既有原则来发展法律的方式。上议院认为，员工遇到工作困难并明显不利于心理健康时，假如地方政府没有采取措施来帮助他，那么地方政府就没有履行应对员工给予适度关注以避免损害员工健康的义务。

艾伦·巴伯先生（Mr Alan Barber）曾作为教师受雇于当地政府。1995 年 9 月，他所任职的学校进行人事重组，他得知，为了维持现有的工资水平，他将不得不承担更多的工作。他每周工作 61 至 70 小时,并且经常不得不在晚上和周末加班。1996 年 2 月,他对学校的副校长谈到"超负荷工作",并分别于 3 月和 4 月间向医生咨询了工作压力问题,且询问提前退休事宜。5 月间,他缺勤 3 个星期,经医生证实是由于压力和抑郁所致。重返工作岗位后,他面见了校长和两名副校长,并与他们讨论了如下事宜:他无法应对自己的工作量,觉得情况越来越不利于身体健康。

校方根本不同情他,也没有做出任何回应,且没有采取任何措施。在 8 月到 10 月之间,他又因工作压力多次联系医生。1996 年 11 月,在失控并推搡了一名学生之后,巴伯先生离开了学校,再也没有返校。那时他已无法从事教师工作,也无法胜任除了要求不高的兼职工作以外的其他任何工作。

上议院决定支持巴伯先生,背书的赔偿金为 72000 英镑。巴伯先生是一位经验丰富、态度认真的老师,没有身体疾病而连续缺勤 3 周,已由医生证实是由于压力和抑郁所致。1996 年 6、7 月间,在校方没有采取任何措施来帮助他的情况下,巴伯先生多次拜访学校管理团队的成员,直到他的雇主采取了一些行动,履行了义务。高级管理团队本应早就过问他的问题,找出缓解问题的方法。整所学校正面临着严重的问题,所有教师都超负荷工作、压力过大,并不意味着校方无计可施,无法帮助巴伯先生。

1.2　普通法与民法

这两个术语用来区分两种不同的法律体系和法律方法。这里的"普通法"指的是采用英国传统法律体系的所有法律。

普通法(common law)与民法(civil law)体系的主要区别是：普通法体系主要是以案件为中心，高度依赖于法官对普通法的阐释，在一定范围内，对在法庭上出现的特定问题，允许政策意识和务实途径共存，法律可以在个案基础上得以发展。而民法体系往往是一般抽象法则汇编而成的法典，控制司法自由裁量权的行使。在现实中，这两种观点都很极端：前者过分强调普通法法官的自由裁量权，而后者过分低估了大陆法法官的司法自由裁量权。从理论上讲，欧洲法院是依据民法法则确立的，但是，在实践中，欧洲法院越来越认识到创立判例法体系的优越性。尽管欧洲法院不受判例法原则(根据先前同类案件来进行判决)的约束，但是在没有参考先前同类案件判决的情况下，欧洲法院依然不采取就案判案的做法。

1.3　普通法与衡平法

这种二分法(一分为二)反映了英国法律体系内的法律发展路径。普通法和衡平法(equity)都是法官在法庭上使用的法律。不过，这两种法律类型不同，因此，其应用方式、应用"规则"及所用词汇均大相径庭。

普通法发展得更加正式,法官往往坚持遵循精确的程序,即使往往导致不公正的结果,也依然坚持按程序进行。用一个当代事例来说的话,就是尽管你遭受冤屈,但是公司或政府部门拒绝受理你的投诉,原因是现存的处理方式都不适合你的情况。人们认为,普通法法院效率低下、高度技术化而且费用高昂。申诉案件的过程中,哪怕一个微不足道的小错误都可能导致论证不力。假如不诉诸普通法法院,人们如何获得正义?答案是发展衡平法。

无法起诉到普通法法院的起诉人(当时称为原告)直接向君主上诉,此类诉求由充当"国王良心"的大法官审理、裁决。随着普通法法院愈加正式、难以接近,面向大法官的起诉也日趋增加,最终成立专门法庭,对普通法法院拒绝受理的案件做出"公平"或"公正"的裁决。与普通法一样,衡平法庭的裁决确立了一些原则,用于裁决以后的案件。所以,衡平法意味着法官拥有自由裁量权,可以针对个案,根据个人想法公正地进行裁决。

然而,一味地拘泥于文字,会使衡平原则无法纠正错误。一般情况下,签约人应严格遵守所签合同中的书面文字。如果公开发表文字攻击别人,就属于诽谤。法律通过精确地使用文字和法律来管理人民。因此,《威尼斯商人》(*The Merchant of Venice*)中的鲍西亚(Portia)警告说(第一场第四幕):

> 此债券没有规定哪怕是一滴血;白纸黑字明确写着"一镑肉"。若是割肉时你滴下一滴基督徒的鲜血,你所有的土地和财

产都将充公。

自中世纪以来仍然使用的起诉表或"起诉令状"非常有限,提起诉讼时,当事人必须非常小心谨慎地选择正规起诉表格,填写无误。如果起诉表中出现拼写错误,起诉就可能被驳回。起诉书中出现的拉丁语错误也很致命,哪怕漏掉一个标点符号。案件的道德正义性往往被迫屈从于正确的拼写形式。所以,在起诉令状(法律诉讼的旧称)中,遗漏一个注音符号或缩写或拉丁语错误都是致命的。例如,因为 inundare(溢出或涌出)被错误拼写为 inumdare,令状就被驳回。

如今,依然存在堂而皇之、吹毛求疵追求字面得体的情况。以汽车案为例,2004 年,文森特·瑞安(Vincent Ryan)收到由萨福克郡伊普斯维奇市(Ipswich, Suffolk)的停车场管理人员开具的罚单,他被处以 30 英镑的罚款。尽管之前他购买了停车证,但是因为他把停车证颠倒着留在了汽车的仪表板上,罚款单上注明"未出示有效停车证"。不过,有时候追求一丝不苟的做法也会对民众有利。因此,2003 年,对于球员德怀特·约克(Dwight Yorke)的超速判决被高等法院驳回,因为他本人并未亲自填写确认自己为该机动车驾驶员的正规表格。签名空白使得该表格未获法院认可。

从历史上看,想要从衡平法院寻求公正的人必须要满足许多重要条件:

◎ 必须表明自己无法在普通法法庭获得公正裁决。

◎ 必须表明自己并无过错。即所谓的"清白"。不过,早期普通法法庭的申请人无须证明自己的道德清白。

◎ 必须表明其案件呈交并无延误。

对普通法法院和衡平法院的区分一直持续到《1873—1875 年司法法案》将其合而为一。在此之前，庭审一方必须向法院起诉，例如，普通法法院（与衡平法院相对而言）就不会启用衡平法则。然而，法律赋权于所有法院，遵照普通法和衡平法来判案。衡平法拥有最终判决权。

衡平法历经几个世纪的发展，在近代历史上曾多次对主要原则进行创新变革。案件之一即 1947 年高树案（Central London Property Trust v High Trees Ltd）。该案认为，签约一方签署合同，做出允诺，蓄意更改合同权利不利于另一方，法院将认定签约方必须兑现该允诺。通常而言，要履行合同，任何允诺都需交换一定价值的事物，但衡平法对此没有要求。

丹宁法官的"允诺禁止反言"原则（promissory estoppel）影响了成百上千的此类案件。一则因为违约方在违背（所签合同）允诺前接受了法律咨询。二则一旦情况出现差错，签约方想要违约时，会通过律师了解这一原则。

1.4　普通法与成文法

如前所述，普通法指的是由法官根据庭审案件判决制定的法律。法理学家小奥利弗·温德尔·霍姆斯法官（Oliver Wendell Holmes Jr）对这种立法途径做了恰如其分的总结。他在《普通法》（1881）一书中提到：

> 法律的生命不在于逻辑，而在于经验。对时代需要的感知，流行的道德和政治理论，对公共政策的直觉，不管你承认与否，甚至法官和他的同胞所共有的偏见对人们决定是否遵守规则所起的作用都远远大于三段论。
>
> ［Wendell Holmes 1991（1881）］

成文法（Statute law）却是指由议会以立法形式制定的法律。尽管 20 世纪和 21 世纪成文法的数量显著增加了，一般情况下，在制定和实施法律过程中，尤其是在决定立法操作上，法庭的作用仍然至关重要。

1.5　公法与私法

公法（public law）与私法（private law）的区别在于：前者是适用于公共机构或所有民众的法律；后者是在公民相互关系的意义上针对公民个人的法律。公法包括政府管理方面的法律、英国宪法、行政法和刑法。私法包括合同法和涉及普通公民的法律。因此，这种划分与本章提到的其他划分方法也有交叉之处。本章中后面的内容将合同法视为民法的组成部分，此处也可将其列为私法。本节将详细讲述宪法（constitutional law）和行政法（administrative law）。

1.5.1　宪法和行政法

从法律上讲,宪法关系到国家与个人之间的关系。英国并没有形成书面文字的一部"宪法":众多基本规范和原则就相当于英国宪法。1733 年,保守党政治家亨利·博林布罗克(Henry Bolingbroke) (1678—1751)曾说:

> 宪法是法律、制度和习俗的集合,源于确定的理性原则,旨在实现确定的公共福祉目标,构成了基本制度,公众一致赞同据此治理。

行政法的许多内容涉及司法审查。程序如下:高级法院对下级法院、法庭及行政机关具有优先权(法院固有的权力,不受限制)和纠正权。司法审查的主要目的是管控这些机构的行为,避免权力滥用或裁决不当。

司法审查中,申请人向公共机构或政府部门提起诉讼,申请由一位法官对正式裁决是否恰当进行审查。法官可签发强制令、禁令或撤销令等法庭命令(2000 年前分别称为"执行职务令"和"调卷令")。婚姻案中的双方被称为请求人(petitioner,即提起离婚申请的一方)和应答人(respondent)。婚姻诉讼寻求的是解除婚姻关系。

司法审查作为法律的构成部分,近年来数量激增。1981 年,只有552 人向高级法院申请司法审查,而到了 2004 年,申请司法审查的人数共达 4207 人。

2005 年,欧洲人权法院受理的约翰·赫斯特诉英国政府案(John Hirst v United Kingdom)属于典型的公法诉讼案。在那次重要的审判中,斯特拉斯堡的法官以 12∶5 的投票结果,裁定英国 48000 名囚犯没有投票权,剥夺了他们的自由选举权。这次裁决对《1870 年没收法》(Forfeiture Act 1870)提出了质疑,采用的刑罚是维多利亚时代的"公民资格死亡",囚犯入狱后就不再享有公民权利。不过,法庭只是对《1870 年没收法》提出了质疑,并无权废除英国法律。

赫斯特先生(Mr Hirst)起诉的目的是使议会议员关注地方监狱的境况。欧洲人权法院裁定,投票权是受到法律保护的人权,而非特权,并判给赫斯特先生 8000 英镑作为补偿。法庭并没有裁定所有囚犯都即刻获得投票权。法官们裁定,英国政府错在并未充分考虑到禁止囚犯投票的法律依据,在是否采用这一禁令时,也没有考虑囚犯罪行的轻重。

许多监狱都位于边缘选区(即没有政党占明显优势的政治选区),六七百名囚犯的选票有可能会影响选举结果。囚犯的选票还没有产生任何影响之前,欧洲人权法院要求英国政府修订法律。这意味着囚犯的权利和利益会最终具有政治重要性,因为那些争取下议院席位的人会去争取囚犯的投票。然而,过于热衷于拉拢囚犯选票的候选人可能会遭到竞选对手的反对,竞选对手不会对这些囚犯做任何承诺,而是会去争取其他选民的选票。不管双方的辩论结果如何,场面都会很热闹。

如上所述,法律有许多类型。下一章将探讨议会如何制定一种特殊形式的法律,即制定法。

第二章

法律的制定

━

2.1　引言

　　法律的渊源主要有两种:制定法(legislation)和判例法(case law)。通常认为英国的法律制度属于普通法系(common law system,也即英美法系),与美国的以及许多当今和曾经的英联邦国家的立法有共同之处。普通法是指由司法机构根据已知的判例制定的实体法(substantive law)和程序法(procedural rules)。普通法通常以判例为核心,因此也就以法官为中心。庭审中,允许具体问题具体处理,有一定的实际自由裁量权(见第四章)。

　　成文法是指议会以制定法形式通过的法律。尽管在 20 世纪和 21 世纪这 200 年里成文法的数量显著增加,但在一般立法与执法过程中,以及在特殊情形下执法裁决中,法庭仍起着至关重要的作用。在寻求法律依据的过程中,这种区分具有现实作用。在普通法系中需要参照的,既包括议会通过的制定法,也包括法庭判案的判例报道。议会主权至上原则规定,成文法(制定法)的地位高于判例法,成文法(制定法)是当代主要的立法方式,因此被普遍认为优于判例法。然而,不得不承认,英国法律体系依然属于普通法系。

2.2　立法

依据英国宪法,议会有权视情况制定、废除或修改宪法及其他法律。这既是众所周知的议会主权,同时也构成英国宪法的基石。这意味着只要采取适当的流程,议会就能自由如愿地颁布法律。如此一来,必然的结果是,现行议会无法制约未来议会制定或修改法律的自由裁量权。后文将会详述,即便是《1998 年人权法》(the Human Rights Act 1998),在承认议会享有主要立法权的同时,也仍将重申这与《欧洲人权公约》(European Convention on Human Rights)赋予议会的权力不同。并将详述在英国成为欧盟成员国后,针对英国议会是否有权自主制定法律,依然存有争议。

2.3　法案的构成

仍处于修改阶段的成文法,在由议会通过之前称为"议案"。议案的各个部分称为"条款"(通常简写为 CL)。议案通过之后称为"法案",其各部分称为"条",并简写为"s"。通常,一条分为很多"款",而一款本身又可细分为很多"项"。下面是《2010 年贿赂法》(the Bribery Act 2010)第 1 条的部分内容:

1. 行贿罪

(1) 一个人(以下简写为 P)采取以下行为就视为犯罪。

(2) 第一种行为:

(a) P 给他人提供、承诺或给予财务等好处;

(b) P 企图通过以下途径得到好处:

(i) 引诱他人不正当地履行职责或实施活动;

(ii) 对他人的不正当行为给予报酬。

律师引用时会说"以上内容节选自法案第 1 条第 2 款第 a 项"。

2.4 成文法的类型

成文法的类型多种多样。可分为以下几类:

◎ 公法涉及影响普通大众事务的法律。可以进一步细分为政府议案(Government Bills)和普通议员议案(Private Members' Bills)。

◎ 不过,虽然有些机构的法定权力条款会对普通大众产生重要的影响,但是私法针对的是特定个体或机构的权力与利益。例如,公司会通过强制购买令(compulsory purchase order)来获得私有财产权。

◎ 授权法（Enabling legislation）授予特定个体或机构监督权，监督制定必需的具体细则，以实现母法的总目标。制定方式为二级立法（secondary legislation）或授权立法（delegated legislation，见下文）。

同样，议会法案可以根据功能目标来分类。一些法案史无前例，涵盖先前法律规则未曾涉及的新型活动领域，还有一些法案旨在完善或修订已有的成文法。

◎ 合并立法（consolidating legislation）旨在汇集散见于各个法案中的条款，而不做任何实质性更改。《1985 年公司法》（the Companies Act 1985）就属于合并立法，将《1948 年合并法》（the Consolidation Act 1948）后颁布的众多修正案（amending Acts）条款汇集在一起。同样，新颁布的《2006 年公司法》（the Companies Act 2006）将 1985 年法案后的成文法汇编在一起。但是，由于《2006 年公司法》也包含一些普通法条款，而被视为编纂立法。

◎ 编纂立法（codifying legislation）不只将现有的成文法条款汇总为法案，还要对普通法规则做出法理解释。经典的编纂立法包括《1890 年合伙法》（the Partnership Act 1890）和《1893 年货物销售法》（the Sale of Goods Act 1893）（现为 1979 年版）。

◎ 修正立法（amending legislation）旨在修正现有的法律条款。修正有两种形式：

（i）文本修正案（textual amendment）是对原有法律文本中的条款进行修订，或在文本中加入新词的方式。通过文本修正案来修订成文法存在一个重大缺陷，即脱离语境。假如不参见原有文本的条款,新条款本身几乎毫无意义。

（ii）非文本修正案（non-textual amendment）并不修改原有文本的实际措辞,而是修改原文本文字的功能或效果。与文本修正案相比,非文本修正案的意义也许更直接,但确实存在一个问题,由于没有修改原有条款,所以必须将两种条款结合起来理解,才能确定立法意图。

虽然文本修正案和非文本修正案都不尽如人意,但是与非文本修正案相比,兰顿立法筹备委员会（Lenton Committee on the Preparation of Legislation）更加青睐文本修正案。

2.5　成文法的起草

1975 年,为回应对立法语言和立法类型的批判,兰顿立法筹备委员会（Cmnd 6053）审核了成文法出台的形式。委员会选取的调查对象分布于各行各业,从司法部门到普通群众都囊括其中。委员会搜集的意见主要分为以下 4 种:

◎ 语言使用模糊。

◎ 条款过分细化。

◎ 结构不合逻辑。

◎ 对原有条款的修正含混不清。

过去,在起草成文法时,经常采用程式化的古旧法律用语,以及过于繁复、不够清晰的语法结构,不仅外行不甚明了,有时连法律专家也难以理解。起草成文法的过程中必须考虑到这些批评意见,并根据成文法的目的来权衡。起草法案的实际工作是由财政部法案顾问专门负责的。

2.6 立法过程

2.6.1 议会前阶段

任何有关立法程序的考量,都必须置于议会政治性质的背景下考虑。大多数成文法都是政府政策决策的结果,而实际政策目标也自然取决于当政政府的政治信仰和迫切需要。因此,大规模地创立和改革法律其实是在落实政党的政治策略。

按照惯例,当政政府产生于占据下议院多数席位的政党,政府可以直接决定要推行的政策,并依靠其多数支持率来确保其提案成为法律。于是指责声随之而来,原因是政府拥有了实质性的多数支持后,在履行职能时便不会考虑本党成员的意见,更不用说反对党成员的意见了。政府得到了多数投票权支持后,在管控下议院日常工作时,就会削弱议会的作用,议会只能例行公事地批准提案。

政府促生了多数的制定法,并最终形成成文法,但下议院议员也可采用普通议员议案的方式提交立法议案。实际上,议员可以采用三种方式来提交:

◎ 通过投票程序,由 20 位后座议员行使立法提案权,利用 10 次左右的议会星期五会议专门提案时间来探讨。

◎ 根据议会议事规则（Standing Order）第 39 条,在提交投票表决后的 20 份议案后,允许任一议员提出一项议案。

◎ 根据议会议事规则第 13 条,有 10 分钟的规则流程（rule procedure）,允许议员发表 10 分钟的演讲,用来推介一项具体的法律。

然而,以上三种中只有第一种有可能通过,要确保获得高投票率,实际提案也不太有争议性,才有可能通过。这样通过的法律有《1967 年堕胎法》(the Abortion Act 1967)——一项旨在取缔有关堕胎条款的普通议员议案,以及随后提出的各种旨在限制原有条款的普通议员议案。

至于议会会议期间,哪些政府议案需要提交议会,事实上由两个内阁委员会（Cabinet committees）掌管、裁决:

◎ 未来立法委员会（the future legislation committee）:决定在下届议会会议中哪些议案将提交给议会。

◎ 立法委员会:负责制定当届议会会议的立法程序。负责起草在议会会议开幕式的《女王施政演讲》(the Queen's Speech)中宣布的立法程序。

绿皮书是由政府发布的咨询性文件,旨在邀请相关利益团体,针对立法提案发表意见。综合多方意见后,政府以白皮书形式发布第二版公文,阐述政府对立法提案的最终决议。

2.6.2　议会阶段

议会由三大要素组成:下议院、上议院和君主。立法提案在先期称为"议案",提交议会上下两院得到批准和君主御准后,才能成为议会法案。然而,下议院为最终权力机关,享有成为民主选举机构的权力。

一项议案在得到御准前,上下议院必须各审阅 3 次。其他议案既可先呈送上议院,亦可先呈送下议院,而财政议案则必须先呈送下议院审议。

呈递下议院的议案需经过五个步骤:

◎ 一审阶段:正规程序中的一个步骤,审阅议案名称,确定二审日期。

◎ 二审阶段:多方讨论议案总体原则,是议案审阅的重点阶段。最后,就议案的可行性进行投票,投票通过后,议案就有可能最终形成成文法。

◎ 委员会审议阶段:二审之后,常务委员会负责审阅议案,逐条仔细评阅各项条款。委员会有权修订议案,以确保与上下议院二审后的批复结果一致。议案偶尔需呈送专门议事委员会审阅议题,然后再由常务议事委员会审议。在委员会审议阶段,上下两院将考虑敲定议案。总而言之,议案具有与宪法同等的重要性。1999 年议院议案建议对上议院进行改革。议院委员会必须快速审阅、通过议案,还需审核一些经济措施,包括各年度财政议案的部分内容。

◎ 上报审议阶段：委员会审议阶段修订的议案，由常务委员会上报议院进行审阅。

◎ 三审阶段：进一步讨论议案，但仅限于与议案内容有关的事务，以及无法提交的议案中涉及的基本准则问题。

以上步骤完成后，议案提交上议院审核；经过上议院审核后，将议案返回到下议院；下议院须审议经上议院修改后的议案。在此期间，若上下议院不能达成共识，议案将在上下议院间来回传递、审阅。议案必须在一届议会会议期间完成，如若无法达成共识，整个议案功亏一篑。

2.6.3 议会法案

上下两院均认同立法的必要性，上议院享有举足轻重的立法权。不过事实上，过去的上议院并非民主责任制机构，2005 年前一直由保守党主导，浸透着上议院早先的世袭特性，削弱了上议院的立法权。直到 20 世纪初，上议院依然享有全部立法否决权。然而，《1909 年劳埃德-乔治自由预算法》（Lloyd-George Liberal Budget 1909）提交后，起初上议院拒绝通过，于是将旧体制推到了崩溃的边缘。1910 年大选后，虽然这项预算案最终得以通过，但在改革上议院这个议题上，又举行了第二次大选。最终，自由党于 1911 年获胜，通过了《议会法》（the Parliament Act），剥夺了上议院的议案否决权。《1911 年议会法》削减了上议院搁置议案的权力，最长搁置期限被改为 2 年。《1949 年议会法》进一步限制上议院的议案搁置权，将议案搁置期限减为 1 年。

自 1949 年以来,上议院的搁置权如下:

◎ 财政议案:只包括财政条款,搁置 1 个月后,无须上议院批准就可成为议会法案。

◎ 其他议案搁置 1 年后,无须经上议院同意就可成为议会法案。

未经上议院通过的实体法案,只有 4 部成为了议会法案。

◎《1991 年战争犯罪法》(the War Crimes Act 1991)

◎《1999 年欧洲议会选举法》(the European Parliamentary Elections Act 1999)

◎《2000 年性罪行(修正)法》[the Sexual Offences(Amendment) Act 2000]

◎《2004 年狩猎法》(the Hunting Act 2004)

2.6.4　上议院的改革

1997 年,工党赢得了选举,承诺彻底改革上议院。工党认为上议院不民主,不具代表性。工党政府组建了皇家调查委员会(Royal Commission)后,进行了为期两个阶段的改革。第一阶段改革取得了成功,标志是通过了《1999 年上议院法》(the House of Lords Act 1999),废除了大多数世袭议员的议席世袭权。由于在选举或任命上议院的议员比例上未达成一致意见,改革的第二阶段始终未能完成。最近上台的联合政府,在改革上议院的政策上,难以调和两党的公开提案;保守党建议"上议院多数议员选举制"(mainly-elected second chamber),而自由民主党建议"上议院全部议员选举制"(fully-elected second chamber)。

出于(必要的)折中考虑,英国首相宣布建立多党委员会,"建议新的上议院中,议员选举按照各党派人数的比例选取"。

2.6.5 国王(女王)御准

任何议案都必须获得御准后,才能成为法律。宪法并没有相关规定,要求君主御准议会通过的所有法律。不过,按照惯例则须由君主御准,假如君主拒绝御准议会通过的立法,将会危及君主的法律地位。《1967年御准法》(the Royal Assent Act 1967)强调了御准的程序,将获得御准的过程进行简化,只需在上下两院中正式宣布法律已获得御准即可。

2.6.6 生效

只要法案本身不存在自相矛盾之处,获得御准的当天,即可生效。常见的生效方式还包括:注明法案的未来生效日,或者授权于相关国务大臣,在未来签署法定文书,使法案条款生效。但是,并不要求国务大臣必须使所有条款都生效,因此,有些条款往往未及生效就被取消了。

《2010年平等法》(the Equality Act 2010)中可能就有无法实施的法律条款。这项法案是上届政府通过的最后几项法案之一。新任联合政府的内政部长兼妇女与平等部部长颁布了生效令,大部分条款都已生效实施。但她表示,不会让所有条款生效,尤其是法案的第一条,内容要求公共机构负起责任,在制定战略决策的过程中,注意减少由社会经济劣势造成的收益不均。批评者指责说,她让这项法案"完全失去了效力"。

2.7　委任立法或授权立法

通常来讲,授权立法是指自然人或法人得到议院授予的立法权后制定法律。授权法虽然与议会法案具备同等的法律效力,但只能在获得授权后才能生效。

每年授权立法制定的法律数量都远远超过议会法案的总量。例如,2008 年议会年通过的公法仅有 33 部,而行政立法性文件集却超过了 3000 份。再加上苏格兰议会和威尔士议会制定的法律,二级立法的法律增加了将近 500 部,因此二级立法的数量是一级立法数的 100 倍之多。

2.7.1　授权立法的类型

授权立法的类型多种多样。

◎ 枢密院院令(Orders in Council):准许政府通过枢密院立法。君主会经常出席众多的月度会议,也可以选择王位继承人作为代表出席。枢密院名义上是由杰出议员组成的非政党政治组织,实际上却是政府无须经过议会程序而以部长委员会形式制定法律的途径。

尽管通常情况下，国家处于紧急状况时政府才能启动枢密院院令，但是事实上，许多法案都是由枢密院院令生效的。枢密院院令的范围可能远及欧盟法，因为《1972 年欧共体法》(the European Communities Act 1972)第 2 条第 2 款规定，部长可以使本不具备直接法律效力的欧盟条款生效。

◎ 行政立法性文件集(statutory instruments)：是指政府的部长们行使议会授予的立法权制定的法规。

◎ 地方性法规(bylaws)：指地方当局和其他公共机构制定的具有法律约束力的法规。例如，地方当局依据《1972 年地方政府法》(the Local Government Act 1972)的授权立法程序制定的地方性法规。

◎ 法院规则委员会(Court Rule Committees)获得授权制定规则，来管理法院的受理程序，包括《1981 年高级法院法》(the Senior Court Act 1981)、《1984 年郡法院法》(the Country Courts Act 1984)和《1990 年治安法院法》(the Magistrates' Courts Act 1980)。

◎ 职业法规(professional regulations)：各行各业的职业法规也具备法律效力，授权于职业机构，规范从业人员的行为。例如，依据《1974 年律师法》(the Solicitors' Act 1974)，法律协会有权规范从业律师的行为。

2.7.2　授权立法的优点

授权立法的优点如下：

2.7.2.1 省时

特殊情况下,必要时即刻采用授权立法的方式;遇到紧急情况或无法预料的问题时,可采用授权立法来修改法规。总的来讲,授权立法节省了议会的时间。然而,议会辩论时间紧,授权法细节详尽,再加上辩论事宜数量繁多,议会根本没有时间讨论以授权立法形式颁布的所有法律。一般认为,议会主要花时间来周密地考量授权法的立法原则,而将确立法律细节的权力授予相关部长或机构,这样做效果更佳。

2.7.2.2 专家参与权

基于省时,大多数议员并不具备考量此类法律条款的专业知识。通过授权立法出台的许多法律法规具有高度的专业性和技术性,出台法规的部门应在必要时邀请专家参与制定过程。就地方性法规而言,不言而喻,依据地方性专业知识制定法规应该比议会立法更恰当。

2.7.2.3 灵活

授权立法允许部长们宏观把握,具体问题具体处理,因时而异,合理处置,在立法过程中更加灵活。

2.7.3 授权立法的缺陷

授权立法的缺陷包括以下方面:

2.7.3.1 责任问题

采用授权立法后的关键问题就是责任问题和议会的腐败问题。

议会本应是立法机构,但在授权立法中议员并不能制定法律。特定人员(尤其是政府部长及其领导下制定授权法条款的公务员)才是真正制定这类法规的人。即便他们实际运用的权力是由议会授予的,但我们仍可质疑议会赋予他们的权力是否超出了适当的范围,或者说,即使与宪法毫无出入,但同时却从总体上解除、消解了议会作为立法机关的权力。

2.7.3.2　监督问题

承担责任就需要进行有效的监督,然而,普通议员难以理解相关授权法,难以有效地监督授权立法。产生这些困难的部分原因是授权法具有高度细节性、针对性和技术性。况且,法规似乎脱离了授权立法的当时情境,并仅在那种情境中才具有实际意义,这更增加了理解和监督的难度。

2.7.3.3　数量问题

由于授权法数量众多,议员们无法理解授权法,这一问题日益严重。如果连议员们都无法理解授权立法的流程,普通民众又如何能理解呢?

2.7.4　授权法的管控问题

为监督授权法而特设的管控条款在一定程度上减少了前述问题的难度,克服了授权立法的潜在缺点。

2.7.4.1　议会对授权法的监督

审查授权法的权力属于议会,议会有权监督制定授权法的过程。新的授权法必须呈送至议会通过方可生效。因授权立法条款的不同,这一程序采用两种形式:有些授权法需要在一个议院或者上下两院都通过才能生效;而大多数法案只需将在两院支持下所制定的授权法呈送至议会即可。若议会未做出宣告无效决议,这些授权法将于 40 天后自动生效。

宣告无效程序的问题在于,是否宣告法案无效取决于议员们能否完全理解授权法的内容、含义和效能。鉴于成文法的特性,由议会最后定夺并不可靠。

自 1937 年成立以来,行政立法性文件联合特别委员会(Joint Select Committee on Statutory Instruments)负责审查所有的行政立法性文件。特别委员会获得授权,根据议会议事规则(下议院第 151 号和上议院第 74 号),或其他与这项法律的实际价值及政策无关的规则,提请两院特别关注一份行政立法性文件。

下议院拥有独立的行政立法性文件特别委员会(Select Committee on Statutory Instruments),负责审阅仅仅呈送下议院的行政立法性文件。特别委员会获得授权,根据议会议事规则第 151 号或其他规则,提请下议院特别关注一份行政立法性文件;却无权根据其价值或政策,提请下议院特别关注。例如,特别委员会审阅了《2005 年英国个人持股计划(第二修正案)条例》[Personal Equity Plan(Amendment No. 2)Regulations 2005(SI2005/3348)]和《2005 年英国个人账户(第三修正案)条例》[Individual Savings Account(Amendment No. 3)Regulations 2005(SI2005/3350)],认为有必要就这两项法案是否越权提请下议院特别关注。

欧盟法与地方性法规一样,由专门委员会负责审阅。英国上议院于 2003 年成立了行政立法性文件集专门委员会(Committee on the Merits of Statutory Instruments),负责考量这些文件的政治影响。委员会的职权范围广泛,具体负责判定下列情况是否应该提请上议院特别关注:

◎ 行政立法性文件集具有重要的政治或法律意义,或增加了上议院可能关注的公共政策问题;

◎ 不适于母法通过后的形势变化;

◎ 未能恰当执行欧盟法律;

◎ 未能达成其政策目标。

2.7.4.2 授权立法的司法控制

假如议会授权委任的自然人或法人越权,可以通过司法审查程序对授权立法提出质疑。超越所授权限的条款被认定为越权无效条款。此外,所有授权都应合理使用,必要时法庭可判定不合程序的授权法无效。有件趣事可以说明这一情况。1997 年 1 月,大法官(the Lord Chancellor)提高了法庭诉讼费,并减少了起诉人免费起诉的情况。3 月,约翰·威瑟姆先生(Mr John Witham)成功地对大法官的举措提出异议,而他此前是免付诉讼费的。司法审查判定麦凯勋爵(Lord Mackay)越权,凌驾于议会授予的法定权力之上。上诉法院的法官罗斯(L. J. Rose)发表声明,认为议会根本未曾授权大法官确定诉讼费的数目,来妨碍穷人上法庭打官司。

《1998 年人权法》颁布后,法庭的授权立法监管权明显增加了(参见第三章）。正如后文所述，法庭无法直接宣判一级立法无效，但只能宣称一级立法与现有立法互相矛盾。不过，授权立法不受此限制，只有与《欧洲人权公约》的权利发生冲突时，才可能被宣布无效。这项条款极大地扩大了法庭的授权立法监管权，因为法庭不再只是根据诉讼程序对授权法提出质疑，还可以根据《欧洲人权公约》的条款对授权法进行评估。应该指出，枢密院院令体现了皇家特权，因此不同于其他授权法，不受质疑和管控。

探讨了制定法律的方式外，下一章将探讨法官和律师解读法律的方式。

第三章

解释立法

——

　　书面立法的法律只有应用于现实生活事件,并由法庭宣判后,才拥有具体的实际意义。

　　议会法案意义重大、数量众多。议会每年都会制定长达 2000 多页的成文法,立法内容涉及方方面面。

　　英国没有相当于宪法的法律,因此,与其他法律相比,议会法案最权威,地位也最稳固。所以,议会法案经正规途径审议通过后,其他任何标准都不能判其无效。即便是规定每届政府任期 5 年的议会法案[如《1911 年议会法案》(the Parliament Act 1911)],也只是普通的议会法案,地位相当于《1996 年野生哺乳动物(保护)法》[the Wild Mammals (Protection) Act 1996]。

　　因此,新法案能够取缔、取代条款内容不同的旧法案。即使旧法案中规定"本法案不可废止、在英国永远有效",也可以轻松被取缔,与取缔其他法案毫无二致。

法官凯（Lord Justice Kay）在审理一个案件时说道［1892年大都会铁路公司诉福勒案（Metropolitan Railway Co v Fowler 1892）］："即使是议会法案，也无法使永久土地保有权变为地役权，就如同无法让二加二等于五一样。"然而，这项对议会权力的适度限制，后来遭到了法官斯克鲁顿（Lord Justice Scrutton）的反对，他在1917年塔夫谷铁路公司诉卡迪夫铁路公司案（Taff Vale Railway Co v Cardiff Railway Co，1917）中说："我尊重他的观点，但不赞同。相反，我认为……这会影响这两部成文法的判决结果。"

有时候，起草成文法时过于玩弄文字，读起来简直是受罪。例如，在商榷《1931年布莱顿公司法》（the Brighton Corporation Act 1931）中对附则的定义方式时就是如此。最高法院前法官罗伯特·梅加里爵士（Sir Robert Megarry）谈到的正是这种装腔作势的文风。这项法案本该简明扼要、直截了当地指出法案中出现的"附则"一词指"法案的一条附则"。然而，实际行文却是如下内容：

"第一条附则""第二条附则""第三条附则""第四条附则""第五条附则""第六条附则""第七条附则""第八条附则""第九条附则""第十条附则""第十一条附则""第十二条附则"和"第十三条附则"分别表示该法案的附则一、附则二、附则三、附则四、附则五、附则六、附则七、附则八、附则九、附则十、附则十一、附则十二和附则十三。

这绝非询问火车站方位时希望得到的简洁答复。然而，正如罗伯特爵士所言，法案晦涩难懂，真正的问题就出现了。他引用了《1983年教师（赔偿）（深造）规定》[the Teachers（Compensation）（Advanced Further Education）S. I. 1983，No 856]中的一段话：

> 在这些规定中，参阅规定就是参阅其中的一项规定，规定或附则中的参阅就是参阅规定中的一条或附则，一项条款中的参阅就是参阅这条中的一款。

无论这段话要说明什么，都算不上措辞明确的法律文本。起草意义通达、措辞明确，且能涵盖各种潜在复杂问题的法律，是一项艰巨的任务。理性地讲，在编纂任何法律时，都免不了使用一些语义存在歧义的词语，完全使用语义确定的词语编纂法律是不可能的。同时，在制定法律条文时要做到有先见之明也很困难，需要法律制定者做大量的预判性工作，以预判未来人们所有的行为方式以及所有可能发生的事情。斯蒂芬法官（Mr Justice Stephen）曾经在1891年卡斯蒂奥尼案（Re Castioni 1891）中说道：

> 法律文本的准确度达到不怀恶意的阅读者能够理解的程度还不够；在可能的情况下，法律文本的准确度需要达到心怀恶念的阅读者不能够曲解的程度，假如能够做到让心怀恶念的阅读者意欲故意曲解也做不到的程度，就更为理想了。

法官在法庭上解释成文法条款用语的方式至关重要。法官的解释为法律赋予了生命。翻阅歌剧或协奏曲的乐谱，然后竭力去想象演奏出的乐曲,与坐在音乐厅聆听管弦乐队现场演奏,属于截然不同的体验。法官激活法律类似于音乐家将生命力赋予乐谱。

一个单词或词组的指代多种多样,只有经过法庭宣布后才能确定准确的法律意义。以"公共场所"一词为例,在戴维·刘易斯诉公诉局长案中(David Lewis v Director of Public Prosecution),营业期间对外开放的酒吧的停车场(属于私人用地)被判定为公共场所,做出了醉驾判决。

在米德塞斯郡(Middlesex)的赖斯利普镇(Ruislip),警察发现戴维·刘易斯在黑牛酒吧(Black Bull)的停车场内驾驶车辆。他体内的酒精含量超过了法定的醉驾标准。高等法院裁定,假如没有证据证明该停车场专供私人使用,就可认定面向公众开放的酒吧停车场属于公共场所。在 1947 年的埃尔金斯诉卡特利奇案(Elkins v Cartlidge)中,在约克郡奥特利镇(Otley)附近的狐狸和猎犬酒店(Fox and Hounds)附近,一位名叫卡特利奇的先生因醉驾被捕。他不服判决,上诉至高等法院,高等法院遵循公共场所即为"公众能够自由进入的场所",故而维持原判,判定卡特利奇醉酒驾驶。

但是,在其他法律领域,"公共场所"的解释则有所不同。1947 年的布兰南诉皮克案(Brannan v Peek)中,高等法院裁定,所有法院不应被"常用意义"所迷惑,"酒吧"并非公共场所。根据《1906 年街头赌博法》(the Street Betting Act 1906),布兰南先生由于在德比市的切斯特菲尔德武器酒吧(Chesterfield Arms in Derby)赌马而被检察官起诉。高等法院裁定,根据规定,酒吧与纺织品店一样,不属于公共场所,酒吧可以随时停止营业,公众无权随时进入。因此,根据《1906年街头赌博法》,布兰南先生被判无罪。

在1971年的库珀等人诉希尔德案(Cooper and others v Shield)中,9名不法之徒因为在西科比(West Kirby)火车站的站台上采取威胁行为而被起诉。法院认为,根据《1936年公共秩序法》(the Public Order Act 1936),火车站站台不属于公共场所,因为站台是建筑物(即火车站)不可分割的组成部分。因而,这项法案不适用于发生在建筑物内的各种事件(公众集会除外)。

一场因经营场所状态造成的险情

如何将简单的法律用语用于简单的案件,也许要经过普通律师(solicitors)和出庭律师(barristers)以及郡法院的法官,才能最终判决。上诉法院对下述案件的裁决就充分地说明了这一点。2006年基翁诉考文垂国家医疗服务基金会案(Keown v Coventry Healthcare NHS Trust)中,11岁的男孩马丁·基翁因为攀爬考文垂市古尔森医院(Gulson Hospital in Coventry)的太平梯而跌落摔伤。太平梯通向三楼楼顶,属于医院建筑的一部分,而且被公众当做连通两侧马路的通道。

根据《1984年所有人责任法》(Occupiers' Liability Act 1984)第1条第1款第1项规定,法律意义上的非法入侵者通过建筑物并在建筑物中受伤,马丁·基翁的情况就是这样,如果想要获得赔偿,那么他受的伤必须是由"建筑物本身危险"所致。在本案中,庭审法官认为存在这种危险。但是,认定案件中是否存在"危险"时,即使法律条款用语清晰明确,而在认定"大众甚至是非法入侵者可能如何使用建筑物"时却存在争议。

国家医疗服务基金会(NHS Trust)认为太平梯本身并不危险,危险来自马丁·基翁自己的活动,而非建筑物本身的状态。基翁的律师则认为,导致基翁受伤的危险是由建筑物本身的状态所致,即"被马丁·基翁发现了"。因为太平梯要从外部攀爬,意味着存在高空坠落并受伤的危险,而对于经常在医院内玩耍的儿童来说,太平梯对他们具有吸引力。当儿童被吸引去攀爬的时候,就产生了危险。郡法院判定国家医疗服务基金会对马丁·基翁的伤情负有赔偿责任。但国家医疗服务基金会不服判决,向上诉法院提起上诉。

国家医疗服务基金会赢得了上诉,基翁没有获得赔偿。法官查明,马丁·基翁明白存在坠落的危险,明白攀爬存在危险,明白他本不该去爬太平梯。不能说当时马丁·基翁没有意识到危险性。出乎人们的预料,危险不是由于这些建筑物本身的状态造成的,而是由马丁·基翁自己的选择造成的。因此,马丁·基翁受伤不是由这些建筑物状态引起的任何危险造成的,不符合《1984年所有人责任法》第1条第1款第1项的规定。

法官刘易森先生在裁决中说:

> 太平梯本身并不存在任何危险因素,因为既没有结构上的瑕疵或缺陷,也没有年久失修,不存在任何潜在危险。唯一的危险是基翁先生自己的行动,他选择攀爬到太平梯,并知道这么做很危险。(这个案件提交到上诉法院时,基翁21岁,故称"先生")。

在判案之前，上诉法院法官研究了相关的判例法，在判决过程中采取了精细的推理。虽然最终的判决只有寥寥几句，却符合成文法措辞简短的要求，完全适用于古尔森医院发生的这起骇人事故。

3.1　释法规则

法官解释成文法的原则被称为"成文法释法规则"。不过称为"规则"具有误导性，其实法官未必会采用这些规则。因此，与其说是规则，不如说是指南，是法官解释成文法词汇的意义时采用的原则。普通民众和律师的客户尤其需要了解法官是如何解释成文法词语的。了解法官所采用的"规则"非常有用。然而，此类知识对于解决问题并不起决定性的作用，原因是无法确定法官到底会采用哪些指令去判案，采用的规则不同，判决结果也将不同。

根据传统的三权分立制度，司法机构的作用是机械地应用议会制定、通过的法律。然而，这种观点过于简化，忽略了司法机构拥有的自由裁量权，及创造性解释法律的权力。

假如法律出现了含义模糊的单词和短语，造成了应用法律过程中的不确定性，那么只有通过司法解释来解决问题。这是个创造性的过程，不可避免地使司法机构参与了立法进程。于是就产生了这样一个问题，法官应该如何解释法律。通常，他们可以采用三个最基本的成文法释法规则，以及其他的辅助手段。

既往案件中，三个主要的成文法释法规则是：(a)文义规则(the

literal rule)；(b)黄金规则(the golden rule)；(c)不确切文义释义规则(the mischief rule)。通常，审判法官或上诉法官使用上述规则时，并不公开说明，而是在公开案件时由律师和学者们说明法官的释法规则，例如，法官使用了"文义规则"。

3.1.1 文义规则

根据文义规则，法官只考虑法律的实际意义，而不考虑可能意义。因此，法官需要使用字面含义来解释法律中的词语，也就是说，使用词语基本的、最初的、在日常生活中的含义。有时这样解释会导致判决结果不公正，或者判决结果并不理想。"文义规则"基于这样的假设：议会在制定法律时所选择的词语表达的意图就是词语的本来意义。作为国家立法民主的重要组成部分，议会必须确保达到法律条款的效果。从某种程度上讲，允许法官对法律中的词语做非字面的解释，就违背了议会的立法意愿和公民的意志。正如迪普洛克勋爵(Lord Diplock)曾经指出的那样(Duport Steel v Sirs 1980)：

> 在意义平实或者毫无歧义的法律用语中，不允许法官生造毫无依据的模糊性，并以此为借口，不考虑词语的基本意义，仅仅因为法官认为判决结果不妥、不公平或者有违道德。

在1961年费希尔诉贝尔案(Fisher v Bell 1961)中，《1959年攻击性武器限制法》(the Restriction of Offensive Weapons Act 1959)规定，直接"出售"包括弹簧刀在内的攻击性武器属于违法行为。詹姆斯·贝尔在布里斯托尔经营一家商店,他将武器(一把 4s 推刀)展示于布拉迈德购物中心的自家商店橱窗内。高等法院分庭认为不能给他定罪,因为根据《1959 年攻击性武器限制法》中的字面含义,贝尔先生并没有"要约出售"刀具。根据合同法的技术用语,将某物放置在橱窗中,并未"要约出售",而只是"要约邀请"。从法律角度讲,顾客拿钱换取店内物品时,是顾客向商店发出"要约"。但如果法律用语是"陈列待售商品",那么情况将会有所不同。

3.1.2 黄金规则

黄金规则用于当法庭采取文义规则时产生了荒唐结果的情况。下面以 1964 年阿德勒诉乔治案(Adler v George 1964)为例。《1920 年官方保密法》(the Official Secrets Act 1920)第 3 条规定,在禁区附近妨碍英国军队属于违法行为。弗兰克·阿德勒先生因在禁区之内(位于诺福克的马哈姆皇家空军基地)妨碍英国军队被捕。法院使用黄金规则拓展了成文法中的字面措辞,用于宣判被告的罪行。倘若法院使用文义规则,那么结果将十分荒唐,即:在基地附近抗议的人将获罪,而在基地内抗议的人则不会。

3.1.3 不确切文义释义规则

不确切文义释义规则确立于 1584 年海登案(Heydon's Case 1584)的判决中。不确切文义释义规则让法院能够合法地探究成文法背后的实际措辞含义,旨在理清具体的成文法意欲弥补的文义不确切问题。从某种程度上讲,不确切文义释义规则无疑最为灵活,但仅限于使用已有的普通法,来确定成文法意欲弥补的文义不确切问题。海登案涉及 1540 年亨利三世在位时通过的法案中存在的争议,控告海登"入侵德文郡的某些土地"。因此法院提出应当考虑以下四点:

(1) 成文法通过以前,原有的普通法是什么?

(2) 普通法未能充分处理的法律文义不确切问题是什么?

(3) 议会打算采取什么措施来弥补文义不确切问题?

(4) 议会采取这种弥补措施的原因是什么?

1951 年科克里诉卡彭特案(Corkery v Carpenter 1951)中使用了不确切文义释义规则。1951 年 1 月 19 日,法院因沙恩·科克里(Shane Corkery)在公共场合"酒后使用自行车"而判他 1 个月监禁。根据庭审记录,某日下午约 2 点 45 分,在德文郡,被告喝醉酒后"沿着伊尔弗拉库姆的布罗德大街推着自行车行走"。因此,根据《1872 年驾驶权法》(the Licensing Act 1872)第 12 条,他受到指控,因为他"酒后使用车辆",而法律并没有专门提及自行车是否属于车辆。这显然存在争议,但法院最终采用不确切文义释义规则来裁决。《1872 年驾驶权法》的目的,就是为了防止人们喝醉时在公路上驾驶任何形式的交通工具。自行车显然属于交通工具,因此对被告的指控并无差错。

除了上述提到的释法规则,法院也可以使用合理的推定。对所有的推定都可以进行公开反驳。推定主要有以下几种:

3.1.3.1　防止议会修改法律的推定

议会权力至高无上，自然能够通过立法来修改普通法。但是议会修改法律必须表述明确、清晰无误，不能仅仅用暗示来修改普通法。因此，假如现行普通法无须改变，那就只需另行释法，不能重新立法来改变普通法。《1898 年刑事证据法》(the Criminal Evidence Act 1898)颁布前，审讯中妻子不能提供证据，控诉丈夫。为了维护婚姻的神圣性，无论丈夫被控何罪，无论妻子的证词多么重要，妻子都不能充当证人。1898 年的立法修改了这一法律，使得妻子能够作证。不过，也就仅此而已。1912 年的利奇诉国王案(Leach v R 1912)中，上议院认为，不能用立法使妻子成为"被迫作证的证人"，受法庭命令的威胁被迫作证，否则就会受到处罚。符合法定资格的证人(即具有作证能力的合格证人)在法律上不同于被迫作证的证人。《1898 年刑事证据法》出台前，妻子不属于上述两种范畴，而这项法案则明确规定妻子属于符合法定资格的证人。

3.1.3.2　防止无过失认定刑事责任的推定

犯罪是严重的错误行为，因此，一般认为毫无犯罪心态的人绝不会犯罪。犯罪心态可能很具体(例如蓄意伤害)或较为模糊(例如过失)。在法律上，称犯罪心理因素为"犯罪意图"，源自拉丁谚语 actus non facit reum nisi mens sit rea，即"没有犯罪意图就没有犯罪行为"。各种犯罪行为所涉及的犯罪意图也有所不同，既有"蓄意"，也有"重大过失"。不过，有些犯罪行为无须确定犯罪意图就可定罪。

法律可能会规定，有些犯罪行为(例如违规驾驶)无须确定犯罪意图即可将被告定罪。不过,毫无疑问,社会应该对这类犯罪的数量加以控制,慎之又慎,这样一来,法院推定,在不需要证明犯罪心理时,法律不会强加刑事责任,除非特地表明要量刑。在 1970 年斯威特诉帕斯利案(Sweet v Parsley 1970)中,牛津郡戈斯福德和沃特雷顿弗的赖兹农场的主人斯蒂芬妮·斯威特被指控触犯《1965 年危险药品法》(the Dangerous Drugs Act 1965)第 5 条,为吸食大麻者提供住所。上议院裁定,既然被告对自己的房屋被用来吸食大麻毫不知情,那么罪名就不能成立。斯威特租赁农场后,转租给学生们住,只留了一间自己偶尔使用。主审法官雷德勋爵(Lord Reid)认为(1972):"如果法律条款未涉及犯罪意图,就可以假定……必须按照需要犯罪意图的方式来解读"。

3.1.3.3 防止对溯及既往之效力的推定

成文法不具备溯及既往之效力。然而,议会总是可以制定具有追溯效力的法律,包括《1965 年战争赔偿法》(the War Damage Act 1965)。1942 年,一位军事司令官继续推行英国政府的"焦土政策",命令军队毁掉英属缅甸石油公司的资产,防止日本军队获得完好无损的设备。在 1965 年缅甸石油公司诉(苏格兰)总检察长案(Burmah Oil Co v Lord Advocate 1965)中,英国议会承诺付给缅甸石油公司数目可观的赔偿金。但随后政府颁布了法律,缅甸石油公司因此无法获得赔偿金。原则上讲,这就如同某人去年开了辆红色轿车,而今年颁布的法律却宣布其有罪。在上述两个案件中,不管是石油公司的案件,还是红色轿车的案件,都使用了法律追溯效力,事发之时的法律截然不同。

3.2 其他的辅助性释法规则

法官可以在法庭上使用其他规则来确定词语的法律意义。假如词或短语存在歧义，法官可以使用其他规则来释法。这些辅助规则产生于成文法本身或一些具体的语言规则。仔细阅读成文法，可以认定，同一部成文法中，同一词语不管出现在何处，都应该表达同一个意思。

同类解释规则（Ejusdem generis）："同类"为拉丁语词。列举数项同类的人或事物的具体词语后，紧跟着采用总括词，总括词仅限于与所列举的人或物同类的人或物，以防人们误解。《1853年博彩法》（the Betting Act 1853）禁止在"房子、办公室、房间或其他地方"进行赌博。在1899年鲍威尔诉肯普顿公园赛马场案（Powell v Kempton Park Race Course）中，法庭不得不裁定，著名的塔特索尔斯赛马场（Tattersall's Ring）跑道内的任一地方是否属于"房子、办公室、房间或其他地方"中的"其他地方"。法院的裁定结果是，赛马场不属于"其他地方"，因为"房子、办公室、房间"都属于室内场所，是同类（类型）的，而赛马活动则在室外进行，因此不属于同一类型。

同类规则（Noscitur a sociis）：在拉丁语中，指的是"从它们的同伴来理解"。字义有疑义时，应从上下文中相关词的含义来确定意义。所以，1964年彭杰利诉贝尔·庞奇有限公司案（Pengelley v Bell

Punch Co Ltd)中，就采用同类规则解释《1961年工厂法》(the Factories Act 1961)第28条。爱德华·彭杰利在贝尔·庞奇有限公司位于米德塞斯郡欧克斯桥的工厂工作时受工伤。根据法律规定，"地板、台阶、楼梯、通道和过道"须保持畅通无阻。有人认为这里的"地板"一词不能指工厂用于存储而非通行的地板，因为"台阶、楼梯、通道和过道"都是用于人们通行的场所。

已明示者排除未经明示者（Expressio unius est exclusio alterius）：拉丁语中，指的是"明示其一，即排除其他"。明确提及特定种类的一个或多个人或事物时，可视为默认排除其他未提及的同类人或事物。1831年国王诉塞奇利居民案（R v Inhabitants of Sedgley）中，《1601年济贫法》(the Poor Relief Act 1601)的一些词语需要据此进行解释。其中规定对"土地"、房屋、什一税和"煤矿"所有者征收贫民救济税，尽管"土地"这个词通常会涵盖所有种类的矿，但本案认为不适用于除了煤矿之外的其他矿。首席法官坦特登（Tenterden）认为(1831：73)

> 根据"已明示者排除未经明示者"规则，以及已经判决的若干判例，我认为成文法中的煤矿已经明示……可将其他矿排除在外。

一般词句不影响特别词句（Ceneralia specialibus non derogant）：在拉丁语中，指的是一般条款不背离特别条款。在处理史密斯房产案（Re Smith's estate）中，斯特林法官（Mr Justice Sterling）的解释恰

如其分,他认为(1887:595):

> 特别议会法中特殊事务特殊处理后,即便出现了以一般方式处理事务的普通议会法,法庭也不应以普通议会法中的一般词句废除先前议会法中的特别词句,除非普通议会法中注明,已经参阅了先前的特别议会法。

3.3 人权与英国法律中的解释

《1998 年人权法》(以下简称《人权法》)对英国法律制度和成文法的解释都产生了深远的影响。《人权法》第 3 条要求,解释所有法律时,都要尽量落实《欧洲人权公约》赋予的权利。第 3 条赋予法庭更多前所未有的权力来解释法律。对此前在必要情况下未诉诸《欧洲人权公约》但得到公认的法律解释,《人权法》第 3 条可将其作废。《人权法》将《欧洲人权公约》纳入英国法律。下面回顾一些案件,来说明法庭是如何运用这种权力的。

3.3.1 一例性取向案

根据《1977 年租赁法》(the Rent Act 1977)附件 1 第 2 款规定,配偶一方去世,另一方可继承已故配偶的房屋权。

该条例规定:

(1)原承租人的在世配偶(如果确有配偶),在原承租人去世之前入住其承租房屋,且依旧居住在此承租房屋内,则可在原租户死亡后成为法定承租人。

(2)此附则内容中,作为原承租人的妻子或丈夫与原承租人一同居住的人,应视为原承租人的配偶。

这里的"配偶""丈夫"和"妻子"是否只能解释为异性健在配偶,如果是这样,理由是什么?作为承租方,为何健在的同性伴侣与异性伴侣享有的法律权利不同呢?

在2004年阿曼德·拉贾·盖登诉安东尼奥·门多萨案(Ahmad Raja Ghaidan v Antonio Mendoza 2004)中,英国上议院认为,可以根据《1998年人权法》第3条来解释《租赁法》,这样就不违背1950年的《欧洲人权公约》了。上议院认为,应该摒弃用于判决2001年菲茨帕特里克诉斯特林房屋协会案(Fitzpatrick v Sterling Housing Association 2001)的《租赁法》条款了。解释《租赁法》时,应当认为,同性恋夫妇中,如果原承租人去世,健在一方视为原承租人的健在配偶。

休·沃尔温-詹姆斯(Hugh Wallwyn-James)先生于1983年口头上达成了伦敦西区一套公寓的租赁协议。直到2001年去世前,他一直在那里居住,与被告胡安·戈丁-门罗萨先生保持着稳定的"一夫一妻"式的同性伴侣关系。沃尔温·詹姆斯先生去世后,房东艾哈迈德·贾登先生对这套公寓所有权提起诉讼。上议院认为,所依据的《租赁法》条款属于1950年《欧洲人权及基本自由公约》第8条所保障的"个人居室受尊重权"。因此,不应区别对待异性夫妻与同性夫妻,根据性别取向进行区分既不合法,也不正当。

然而,虽然这种权力日趋增加,但是上议院发现还是不能套用2003年贝林杰诉贝林杰案(Bellinger v Bellinger)所采用的第3条。该案涉及变性人权利,法庭无法或至少不愿对《1973年婚姻诉讼法》(the Matrimonial Causes Act 1973)第11条第3款做出解释,使一位由男性变性而成的女性在法律上被视为女性。不过,法院还是发表了"分歧声明"。根据《1998年人权法》的规定,高等法院判定一项法案与《欧洲人权公约》存在分歧之处后,可以发表分歧声明。分歧声明不会改变英国法律,却赋予议会权力,采用"快捷方式"更改现行法律。

3.4 欧洲大环境

以下两种不同类型的法律起源于欧洲:

(a) 源自欧盟的法律:欧盟现有成员国27个,1972年英国与另外两国加入之时,仅有6个成员国;当时称为欧共体(EC)(1993年改为欧盟)。尽管当今欧盟确实具有巨大的社会和政治影响力,但欧盟大体上是一个经济实体。

(b) 源自历史渊源不同的独立机构的法律:位于斯特拉斯堡的欧洲人权法院。1950年,颁布了由10个国家联合签订的《欧洲人权及基本自由公约》(the European Convention on Human Rights and Fundamental Freedoms)。英国的《1998年人权法》将这些原则列为英国国法。

英国自从加入欧盟后,法庭日益采用"目的"解释法作为标准解释法。欧盟和欧洲人权领域内,欧洲大陆法历来采用目的解释法。因此,法庭面临的关键问题是:制定法规的目的是什么? 制定由这些法规构成的法律或法典的目的是什么?

与欧盟法进行比较后,发现了几点不同之处。例如,在 1993 年佩珀诉哈特案(Pepper v Hart)中,上议院废除了存在已久的惯例,即法庭不参阅《汉萨德英国议会议事录》(Hansard,是英国议会的辩论记录),也不去探究议会的立法意图。此案涉及税法问题及马尔文学院(Malvern College)教工案件。上议院议员裁定,解释成文法过程中,应尽量减少不利于参阅《汉萨德英国议会议事录》的常规做法,以方便查阅议会资料,情况如下:(1)法律措辞模糊晦涩,或会导致荒谬的判决结果;(2)判案依据包含一个以上由大臣或议案拥护者提起的陈述,要理解这些陈述及其效力,有必要参阅议会议事录中的同类材料;(3)判案所依据的陈述清晰明了。

英国法律受到了欧洲法律路径的影响,解释法律要研究立法目的,还要确立这项法律在立法史上的立法目的。欧共体法(European Communities Act)中,罚罪相当理念也对英国法律产生了巨大的影响。罚罪相当借鉴了德国行政法的基本原则,成为判断行政行为是否合法的依据。也就是说,达到规定目标即可,不得使用过多手段。

以上议院对怀特诉怀特和汽车保险局案(White v White and Motor Insurance Bureau 2001)的裁决为例。1999 年 6 月 5 日凌晨,

午夜刚过,布赖恩·怀特(Brian White)准备去参加一个午夜聚会。他当时坐在福特卡普里(Ford Capri)汽车前排的副驾驶座上,由他的哥哥沙恩(Shane)开车,行驶在离赫勒福德郡(Hereford)几英里的一条乡村小路上。汽车突然发生剧烈碰撞,车翻了,布赖恩身受重伤。由于事故发生在宁静的深夜,所以并未牵涉其他机动车,沙恩应负全责。他转弯时驾驶不当,导致汽车失控。从另一角度来说,沙恩也应负全责:他本人和车辆均未购买保险。事实上,他还没有通过驾照考试,而且驾车技术也不过关。事故发生时,布赖恩并不知道哥哥无照驾驶,也就没有购买保险,但是他以前知道哥哥没有驾照。高等法院的审判法官波特(Potter)认为,若断定布赖恩对沙恩未购买保险一事知情,确实不合情理,但布赖恩"显然"应该知道哥哥未购买保险。无论如何,他都应该提前询问清楚,但他却根本没有问。

布赖恩试图从汽车保险局获得赔偿金。然而,只有在肇事司机未投保的有些情况下,汽车保险局才会给予赔偿。布赖恩能否获得补偿金取决于对《欧共体理事会指令》(EEC Council Directive)及汽车保险局文件中的"已经或早应该知道"这几个词的理解。

英国的相关法律都是参照欧盟法制定的,因此,有必要了解一下背景知识。为了实现所有成员国之间的公平和平等,欧盟的社会政治目标是,确保商业、贸易、工业和公司等领域的各项法律都采用同一部主法。《欧盟指令》(European Directives)会同时发往一个或多个成员国,要求达成指定的共同目标。至于如何通过各种规章制度或法律来实现目标,则由各成员国自行完成。《欧盟指令》旨在确保整个欧洲在保险事务上保持一致。

怀特诉怀特和汽车保险局案存在的问题是,布赖恩上车时,是否"已经或本应知道"他的哥哥并未投保。假如他知道,那么汽车保险局将不予赔偿。上议院的议员在解释相关法律时,采用了目的解释法,依据相关法律的立法初衷进行判决,汽车保险公司理应给予布赖恩赔偿。

上议员尼科尔斯(Nicholls)声明,解释任何文件时,应尽可能地明确文件条款意欲达到的目的,这一点向来很重要。因此,有必要参考与贯彻实施英国法律相关的《欧盟指令》,最大限度地与欧盟各成员国机动车使用民事责任保险法律保持一致。因为英国1988年汽车保险局协议的目的是使《欧盟指令》的条款生效,因此,这样做很有必要。《欧盟指令》的第1条第4款规定各成员国必须建立机构,为未投保车辆造成的财产损失或人员伤情提供赔偿。还规定:"成员国可以免于支付赔偿金……如果当事人是自愿乘坐那辆车……如果该机构能够证明当事人事先明知那辆车没有投保。"这里的"明知"是什么意思呢?根据惯例,遭受损失的人理应获得赔偿。该指令的目的是,在当事人有意或知情情况下乘坐未投保车辆后,成员国可以不予赔偿。

欧洲法院(The European Court of Justice)曾一再强调,审理案件时应谨慎宣判免责。换言之,对于试图将某一类人排除在赔偿范围之外的用语措辞,都应小心解释,严格限定,将得不到赔偿的人数降到最低。

下面将通过具体事件，进一步对"明知"（knowledge）进行严格、具体的解释。罚罪相当原则要求，受伤乘客存在高度个人过错的情况下，会被依法剥夺获赔权。因此，"明知司机未投保"指的是，乘客根据已经掌握的信息，推断出司机并未投保。最确切的"明知"指的是，司机告诉乘客自己并未投保，当然，乘客还可以通过其他方式获得信息，例如：明知司机没有通过驾照考试。

这种"明知"通常被称为"实际知悉"（actual knowledge），依法认定当事人清楚地明知事实情况。还有一种情况非常接近"实际知悉"，即乘客根据已知信息，推断司机极可能未投保，却故意不问，以免怀疑得到证实，换言之，他并不想知悉。这样使用未投保车辆的乘客相当于实际知悉，对他们应该一视同仁，因此将制定相应的欧盟指令。然而，尼科尔斯法官毫不质疑《欧盟指令》中的"明知"并不包括过失或疏忽。过失或疏忽指的是乘客根本未曾考虑保险问题的案件，当然，比较谨慎的乘客当时本应根据明知情况询问保险事宜。对待粗心大意的乘客，不能采用明知未投保的做法。正如掌卷法官丹宁勋爵在圣巴西利奥海事公司诉互助保险协会（百慕大）有限公司案（1977：68）［Compania Maritima San Basilio SA v Occanus Mutual Underwriting Association（Bermuda）Ltd（1977：68）］中所言，疏忽未知不等于明知。裁决过程中，要小心解释欧盟指令中的免于赔偿用语，以便尽可能给予赔偿。

布赖恩·怀特车祸案属于疏忽未知。法官认为：在发生车祸的那个晚上，当事人并未"在脑中盘算过保险事宜等"。法官裁决，布赖恩本应(但没有)确认沙恩的投保事宜仅仅属于疏忽未知。因此,该案不属于《欧盟指令》中成员国免付赔偿金的情况。

由于《1998年人权法》的颁布,英国的成文法解释方法也将因时而异,不再是《1972年欧共体法》的解释路径了。欧洲大陆的解释途径与英国法院不同。例如,在欧洲,"目的论方法"是指解释法律的立法意图。目的论是哲学术语,指的是有些事情从目的角度比从原因角度更好理解。成文法目的解释法不太关注法律用语的词典意义,而更注重将法律的目的神圣化,根据总体目的来确定词义。

如今,各行各业的法律都强调要确定问题的实质。税法新技术审查的是整体交易的实质,而非某一交易步骤。租赁法中,法院致力于防止用任何词语来掩盖基本交易事实。在合同法领域,已采取措施来摆脱字面分析和语义分析,强调要明确合同双方的真实意图。

本章探讨了法官和律师是如何解释成文法的,下一章节探究法官和律师是如何解释和运用判例法的。

第四章

法官是如何判案的

1968 年,唐纳森法官(Mr Justice Donaldson)曾说过"法官判案的过程并不像电脑操作那样",把法律文本输入电脑程序,"系统自动弹出正确答案"。与其说判案是一门科学,不如说它是一门艺术。

当事人最关心的是,自己的官司究竟能不能赢。然而,从广义的角度看,在一些非常重要的案件中,案件的核心部分在于确定法律的内容。法庭产生法律的过程称为司法立法。判例报道有长有短。以前的有些判例报道不超过一句话,后来的很多判例报道则长达 100 多页。

4.1 案件标题

首先来探讨案件的陈述风格,之后再考虑法律如何产生于具体案件。案件标题的书写方式很特别。例如 Miller v Jackson(1977)中间的 v 代表的是 versus(对立),拉丁文意思为"反对"。v 的两侧分别为原告和被告。左侧是起诉人或组织,民事案件中称为"原告",右侧一方称为"被告"。

遗嘱继承案的标题写为 in re(拉丁文意思是"关于")加人名或条款名,例如,In re Thompson 指汤普森先生的遗嘱。有时船名也出现于标题中,例如 in re Polemis,不过,此类案件的标题往往很长,例如 Re an Arbitration between Polemis and Furness Withy & Co(1921)。《1998 民事诉讼程序规则》(the Civil Procedure Rules 1998)规定,民法中较长的拉丁短语由英语短语取而代之,但早期案件的标题仍然沿用了拉丁文。常用的拉丁短语还有 ex parte,意为"单方面的",当事人单方面向法庭提出申请,另一方并不在场,取而代之的英语新词语为"未经通知"申请。ex parte 也可理解为"代表",指本人不能起诉须请求王室代为起诉,例如,下面一个起诉法院执法不当的案件成为"王室代表皮诺切特·乌加特诉弓街街区领薪治安法官案"(R v Bow Street Metropolitan Stipendiary Magistrate ex parte Pinochet Ugarte,2000)。

在刑事案件中提起诉讼的人称为"公诉人",另一方称为"被告人"。如果案件是 R v Smith,R 代表的是国王或者女王,就说明是由王室即政府提起的刑事诉讼。有些重要案件由总检察长(即政府的首席律师)提起公诉的;或者是由公诉局长(公诉局的局长)提起公诉的。在这样的案件中,案件标题应该为"总检察长诉史密斯案"或者是"公诉局长诉史密斯案"。本章后半部分将探讨律师参阅(专业术语为"引述")案件的方式(字母和数字)。

判例报道开头大多先总结案件主题,随后记载该案的主要案情,然后是"判决"标题,显示法庭的判决结果。要点总结和判决称为"判决提要"。接下来是法官(们)的判决,最后记录的是整个诉讼的最终结果。

案件的判例报道记录最多的是案情陈述和做出最终判决的法律论证情况。从法律的角度来看,案件的关键不在于"有罪"或"被告应付赔偿金"等实际裁决,而在于 tatio decidendi,拉丁文意思是"判决依据",指的是根据关键案情做出最终判决所依据的法律原则。判决依据是"萃取的精华"(前法官约翰·格雷的用语),既包括已知的事实,也包括法庭先前判例中使用的法律。

4.1.1 判决依据

首先回顾一下法顿诉哈考特-里文顿案(Fardon v Harcourt-Rivington),该案于1932年提交至上议院(如今的最高法院)。

家住伦敦朗豪街(Langham Street)的西沃德·哈考特-里文顿先生和太太(Mr and Mrs Seaward Harcourt-Rivington,西沃德是先生的名,传统上用先生的全名指夫妻双方),有一天把车停在了伦敦市牛津大街不远处萨默塞特街的塞尔弗里奇商店门外。他们匆匆忙忙进了商店,把狗留在了车上。不知出于什么原因,狗开始暴躁起来,乱跳乱叫。没想到狗会因脱水或天气过热而遭罪,用爪子狂抓后玻璃窗,玻璃窗被弄破了,不幸的是,一块碎玻璃片飞到了行人奥利弗·法顿先生(Mr Oliver Fardon)的眼睛里,他住在米德塞斯郡温布利镇维维安大街。尽管做了几次手术,法顿先生的那只眼球最终还是不得不被摘除了。法顿先生从事机械绘图工作,每周收入 7 欧元。摘除眼睛后,他无法工作,失业了。他控告哈考特-里文顿夫妇,要求他们赔偿损失。

哈考特-里文顿夫妇是否应对法顿先生失去的眼睛负有赔偿责任? 高等法院陪审团认为,他们应负赔偿责任,于是,判处赔偿金为2000 欧元。可是上诉到上议院后,这个判决却被推翻了。上议院裁定,人们应当小心谨慎,以防"现实中可能事件"的发生。上议院指明,如果人们明知某些事会伤害其他人,却仍然去做这些事,以致对他人造成伤害的情况下,才应该承担责任。如果人们不够谨慎,导致"出其不意的可能事件"发生,那么他们就没有责任。法官宣判,此案中的突发事件属于"出其不意的可能事件",因此,这对夫妇不必赔偿。所以,此案的判决缘由,即判决依据,可以简单陈述为:车内的狗把车窗弄破了,车玻璃碎片对行人造成了伤害,这种突发事件是无法预料的,因此被告没有责任。

4.1.2 (法官的)附带意见

严格地说,在司法判决中,不构成判决依据的法律陈述都属于补充意见,是(法官的)附带意见(Obiter Dictum,拉丁语意为"旅途中说的话"或"路上说的话",复数形式为 obiter dicta)。在上述案件中,尽管附带意见并非有约束力的法律依据,却属于有说服力的法律依据。在以后的案件审理过程中,如果法官认为有必要,就可以将附带意见考虑在内。

例如,在狗打破玻璃伤及行人案中,一位法官曾说,如果人们知道狗在车里容易暴躁或者狂怒,伤害他人就属于可预见行为,那么主人就应负责。但是在此案中,因为这对夫妇没有养过容易暴躁的狗,所以法官无须据此裁决。因此,他"顺带"作出了陈述,称为"附带意见"。如果未来案件中的主人知道狗容易暴躁,那么原告律师就可以参照本案法官的附带意见,把它视为"有说服力的法律依据",而非"有约束力的法律依据"。

将案件的法律依据一分为二属于理论过程。遗憾的是,实际上法官并未将判决一分为二,判决依据只能由阅读判例报道的人来确定。在有些案件中,这绝非易事,还有些案件涉及三五个法官,情况更为复杂,每个法官的判决都很冗长,因此就不会仅有一个明确的判决依据。同一案件的判决依据可能会有好几个。有时,案件的判决依据难以确定,也难以将判决依据与附带意见区分开来。

以 1968 年巴奈特诉切尔西和肯辛顿医院管理委员会案(Barnett v Chelsea and Kensington Hospital Management Committee 1968)为例。详细描述该案会占用大量的篇幅,因此,下文将简述事件的大致经过。威廉·帕特里克·巴奈特(William Patrick Barnett)是伦敦切尔西科学与技术学院(Chelsea College of Sciences and Technology)学生公寓的夜间值班员。1965 年 12 月 31 日,他与几个朋友在学生公寓大厅庆祝新年,随后不得不将一位遭袭受伤的朋友送去医院。返回公寓后,他们都喝了点茶,随后就开始呕吐。他们又折回医院,描述了包括痉挛、呕吐不止等在内的各种症状。护士打电话给急诊室工作人员,将他们的病情向医生做了汇报。

当时,急诊室工作人员身体也不舒服,就没有为他们看病,而是让他们回家,给自己的医生打电话。回家后,巴奈特先生于1966年1月1日下午去世,后来发现死因系砷中毒。随后验尸官的验尸报告提到"由不明身份的一人或多人谋杀致死"。不过,巴奈特先生抵达医院的时间为1月1日上午8时左右,由于他服砷中毒的时间为早晨5时,即使当时医院没有打发他回家,收治他住院,(从8点开始)为他安排床位,进行相应的检测,得出化验结果,再采取治疗措施,去除体内砷毒,也为时已晚,无力回天了。

在本案中,巴奈特先生的遗孀起诉医院。高等法院裁定,被告医院管理委员会没有责任赔偿遗孀及孩子们的损失。从法律角度来看,重要的是所选用的判决依据。

受害人的姓名、年龄和性别都无关紧要,因为即使它们千差万别,法律也仍旧适用。案发地点也无关紧要,因为同样的法律适用于伦敦,也适用于利兹。该案的判决依据如下:尽管医生疏忽大意,没有查看病人的病情,病人的死因却并非医生疏忽造成的结果。因为病人抵达医院时中毒已深,即使医生为病人看了病,病人也必死无疑。因此,医院没有责任。由于医院的工作人员(医生)没有为病人做检查,医院的确没有履行对病人的看护职责,违反了医护职责。但不能说,违反职责是受害人的死因。因此,未来案件中具有指导作用的法律如下:假如被告对他人负有违反职责的责任,而且由于违反职责,导致受害人受伤、受损或死亡,只有这种情况下,被告应承担法律责任。

巴奈特一案的判决依据可表述如下:

> 虽然医院急诊室医护人员疏忽大意,没有查看已故人,为其做检查,并收治其住院治疗,但是原告有责任证明已故人的死因确系院方疏忽造成(换言之,院方有责任表明,巴奈特先生之死的确不是工作人员疏忽造成的,院方也确实证明了这一点),因此原告的起诉不成立。

4.2 推翻先例

在判例制度体系内,大多数案件的判决依据的权威性与日俱增。因此,法庭往往不愿意推翻历史悠久的权威判例,哪怕这些判例已不能精确反映当代的法律业务和道德。在牙科学和计算机科学中,既有规则往往不占优势,在法律中,有时也不看好既有规则。

除了法律的高度确定性和预测性外,司法部门不愿推翻原有判决的另一个原因,是由于推翻裁决具有追溯既往之效力,因此,被推翻的法律等于是从未成为真正的法律。假如上议院于 2008 年提出上诉法院 1998 年提交的法律陈述有问题,那么从技术角度讲,2008 年法官们所做的判定涵盖了自 1998 年之前就有并一直沿用至 2008 年的法律,2008 年之后的法律也包括在内。

1998 年克兰沃特·本森有限公司诉林肯市议会案（Kleinwort Benson Ltd v Lincoln City Council）中，上议院推翻了各种早期裁决后做出判决：因具体辩护的情况有异，法律应当承认，无论是依据事实还是依据法律，都应返还错误支付的款项。有时推翻先前判例极为必要，但是推翻先例的问题在于具有追溯既往之效力，而立法中是极少使用追溯效力的。戈夫勋爵（Lord Goff）声明（1998：537）：

> 法官宣布的法律不仅应用于裁决之日，而且应用于此前同类案件的案发之日，应用于此后可能呈送法庭的同类案件的案发之日。

高级法院推翻下级法院的裁决（也包括推翻高级法院自己的裁决），是法律制度运行方式的基本组成部分，并藉此形成现行法律。法院有能力修剪枯枝败叶，剔除过期规则，继续耕耘，循序渐进，为法律的有机生长注入活力。

4.3　识别

与极少使用的推翻裁决机制相比，主要采用识别来避开有约束力的判例。如前文所述，任何案件的判决依据都是从案情事实中萃取出来，并依据事实进行的，于是就出现了这种可能性：法庭可能会认定手头案件的事实与先前判例截然不同，因而认定法庭不必遵循先前判例。法官出于某种原因不愿遵循先前判例时，就会使用识别机制。判例报道中许多案件的识别显得牵强附会,显然是法院不愿遵循先前判例的结果,否则,法院就得受判例的约束。

律师和法官总是做些细致入微的差异区分。假如律师面对的权威法院案件判例不利于客户,那么不遵循判例的唯一途径,就是将当前案件置于判例范围之外。

例如,在法律中,一份协议要正式生效成为合同,条件之一就是正式要约得到了正式承诺。这一点在先前判例中已经正式确立,即1953 年英国药学会诉博姿药业南部有限公司案〔Pharmaceutical Society of Great Britain v Boots Cash Chemists(Southern Ltd)〕。英国药学会起诉药店,在没有药剂师监督的情况下,向公众出售一些处方药,没有按照《药剂与毒药法》(Pharmacy and Poisons Act)的要求执行。1951 年 4 月 13 日,两名顾客光顾了伦敦艾奇威尔的波特欧克百老汇 73 号(Burnt Oak Broadway 73)的博姿药店,分别购买了含有少量士的宁的药和含有可待因的法梅尔糖浆(Famel)。这两种药都属于依法须在注册药剂师监督下售卖的药物。药物出售之时,现场有药剂师监督吗?

这项指控成立与否取决于交易是否达成。当时,博姿药店的顾客将货架上的"要约"处方药放入购物篮,因此就对要约做出了承诺。做出要约承诺后,就签署了合同,达成了交易。假如顾客将药品放入购物篮之际就达成了交易,那么交易尚不合法,因为当时现场没有药剂师监督。

博姿药业律师的辩词是,本案不同于先前的"要约承诺"案,因为货架上陈列商品只是发出了"要约邀请"。假如顾客取货去交款,那么发出要约的是顾客,而药店在收银台收款后对要约做出了承诺。因此,合同生效的时间不是顾客将药品放入购物篮之际,而是在收银台收款之后,而收银台附近的确有一位注册药剂师,因而交易是在他的监督下进行的。法院接受了博姿药业律师的辩词,宣判博姿药业无罪,免于起诉。

4.4　法律的司法演变

与精神伤害有关的法律可以作为极佳的实例,说明司法是如何巧妙地推动判例法,并与社会变革同步发展的。亲眼目睹骇人事故因而遭受精神创伤的个人,在什么情况下能够成功地起诉因疏忽而导致事故发生的人呢?

这类事件中的康复赔偿案件,应当首推 1991 年阿尔科克诉南约克郡警察局长案(Alcock v Chief Constable of South Yorkshire Police),该案源于谢菲尔德市斯堡体育馆(Hillsborough Stadium in Sheffield)踩踏事件。1989 年 4 月,在谢菲尔德进行的英格兰足协杯半决赛诺丁汉森林队与利物浦足球队比赛过程中,由于警察对群众监管不力,发生踩踏事件,造成 96 人死亡,400 多人受伤。警察局长承认对人员伤亡负有责任。而更多的人则与伤亡人员有亲属关系,或因种种因素与伤亡人员有关,他们由于亲眼目睹了事件的发生,在电视上观看了踩踏事件,或辨认尸体,受到惊吓,因而遭受着精神疾病的折磨。

1991 年，一审期间共有 16 起诉讼，其中 10 起获准立案。法官希登先生（Mr Justice Hidden）认为，兄弟姐妹及父母配偶可以起诉，但是祖父母、叔伯舅父、姐夫妹夫、未婚妻和朋友则不能起诉。他还认为，通过电视观看事件相当于在现场亲眼目睹。

1991 年上诉法院驳回了所有起诉，理由是：除了救援人员之外，只有父母和配偶有权起诉，"经过筛选后播放的画面图像及评论，带给观众的感觉不同于在现场近距离观看"。于是，10 位起诉人向上议院提起的诉讼也被驳回了。

有权起诉的精神受创者与无权起诉者的分界线在哪里呢？上议院并未划分神经系统震扰案的潜在起诉人类型。他们裁定起诉人与直接受害人（例如，斯堡踩踏事件中的被踩人或被窒息人）之间的关系必须亲密相关、紧密无比，包括配偶关系、父母与子女的关系。上议院裁定，假如没有特殊原因，正常情况下，兄弟姐妹以及其他远亲都不属于这种亲密关系。然而，举个例子来讲，自幼抚养孙辈长大的祖母却可以成为合格的起诉人。因此，在阿尔科克起诉案中，兄弟姐妹和姐夫妹夫都不符合条件，而未婚妻则可以起诉。阿克纳勋爵（Lord Ackner）提议，在极其恐怖的事件中，即使神经相当坚强的人也可能遭受打击而受到精神伤害，那么与受害人毫无关系的旁观者也可能获得赔偿。

之后，上议院对受害人与事故之间的时空距离贴近度提出了要求。起诉人要么必须是亲历事故现场、亲眼目睹，要么在事发后短期内即刻出现症状。亲属死亡几个小时后辨认尸体,不足以构成法律检测的认可条件,也无法成为起诉条件。通过电视媒介观看事故通常也不足以成为起诉条件。

通过电视观看斯堡体育馆踩踏事件的父母们的起诉也被驳回了。因为电视画面往往无法等同于事发现场或余波未平时的亲眼目睹、亲耳所闻。然而,基思勋爵和奥利弗勋爵(Lord Keith and Lord Oliver)的确承认,有些案件可能例外,观看灾难现场直播相当于亲历事故现场。上诉法院法官诺兰(Lord Justice Nolan)举例如下:现场直播过程中,搭载孩子们的气球突然起火,观众相当于亲历了事故现场。

必须表明起诉人所受的伤害(即精神疾病)确系事件或其直接余波造成的创伤。由于获悉深爱的人死亡而引起的精神疾病,无论情况多么令人震惊,都不能获赔。在阿尔科克案中,上议院采用的方法非常切实有效。他们拒绝简单地区分可获赔偿人与不可获赔偿人,并拒绝规定什么情况下可以获得赔偿。基思法官在判案过程中说道:

> 因别人遭受身体创伤、身处险境,起诉人的神经受到打击,理应得到适度的关照,以免罹患精神疾病,我认为判断起诉人是否合格的指导原则是合理预见性。我不会参考夫妻或父母与子女等具体特殊的关系,来力图限定谁是合格的起诉人。包括爱和喜欢在内的亲密关系类型,数量众多,这使得深爱之人承受灾难之际,给另一方造成精神困扰。这种关系也许会存在于家人

之间或密友之间,而且,与已婚多年的夫妻相比,订婚男女之间的关系也许更加紧密。

他接着说,神经遭受打击的起诉人需要证明情感关系的亲密度,有些案件中(例如,长期共同生活的终生伴侣之间)双方的亲密度即使可以推测,依然需要证明。与事故受害人无关的涉案旁观者就更加难以判断。他的精神伤害往往不在"合理预测"的范围之内,当然,假如此人与恐怖事件存在极高的贴近度,或许还是可以证明的。

因此,尽管本案的判决依据合理、清晰,不过能否将其精确地应用于未来案件,还是难以预测。之后,1994 年麦克法兰诉 EE 加勒多尼亚有限公司案(McFarlane v EE Caledonia Ltd)中,上诉法院不得不采用了阿尔科克案中提到的通行原则。当时,起诉人弗朗西斯·麦克法兰在一艘供给船上,他亲眼目睹了英国北海石油钻探设备派普阿尔法(the Piper Alpha)的毁灭。爆炸发生后,损毁了钻探设备,供给船一直在试图对幸存人员施救。起诉人并未亲自参与营救工作,而且与熊熊燃烧的设备相距甚远,人身有足够的保障。即便如此,他亲眼目睹事件的恐怖程度超乎想象。设备燃烧爆炸遭毁过程中,他不得不眼睁睁地看着人们被活活烧死、痛苦不堪。尽管从技术上讲,他属于事件的"旁观者",而非直接受害人或救援人员的亲属,但他似乎的确符合基思法官提到的最后一类潜在起诉人的范畴。不过,他的起诉被上诉法院驳回了,实际理由和政策原因使他无法获赔,法官斯图尔特·史密斯(Lord Justice Stuart-Smith 1994:14)说:

根据我的判断,从原则和政策上讲,法庭不该将职责范围扩大到恐怖事件的旁观者或目击者,除非他们具备足够的贴近度,要求不仅时空距离贴近,而且原告与受害人须彼此相爱、喜欢。

　　1998 年亨利·怀特诉南约克郡警察局长等人一案中,上议院裁定,1989 年斯堡体育馆踩踏事件事发当日,作为雇主的警察局长疏忽大意,造成踩踏事件,而斯堡体育馆的 4 名执勤警官作为先前阿尔科克案的亲历者,在照顾受害人过程中,也遭受了精神创伤,却无法获得赔偿(他们属于雇员或救援人员)。警察局长承认,事件是因警察疏忽大意允许两个观众席的人数超标造成的。问题在于:对于起诉人提出的精神损害,赔偿的幅度有多大? 4 名警官积极协助处理惨剧发生后造成的人员伤亡,并因此遭受了创伤后压力紊乱的折磨。警官们的法律顾问辩解说,没有理由认为身体伤害和精神伤害属于不同种类。在辩护中,他们还援引了普通雇主责任原则,声明他们属于救援人员。

　　一项似乎格外留心社会政策(反面做法就是:生硬套用现有规则)的裁决中,上议院以 3∶2 的多数赞成票裁定,认可这些索赔诉讼,就会扩展现有的纯精神伤害获赔案类型,并且背离了上议院在阿尔科克诉南约克郡警察局长案中对失亲者起诉做出的否决判定。

4.5　反对判决

　　1998 年亨利·怀特等人诉南约克郡警察局长等人一案中,格里菲思勋爵和戈夫勋爵（Lord Griffiths and Goff）提出了反对判决〔上议院法官的正式术语为"反对意见"（dissenting Opinions）〕。他们支持起诉人以救援人员的身份胜诉。尽管他们的"反对意见"属于能使起诉人胜诉的判决依据，不过，在该案判决中，却未能产生效力，因为优势意见（3 位上议院贵族法官中多数人的意见）判决起诉人败诉。

法官们对法律的解释不同于其他同行法官时，就会发表反对意见，质疑大多数法官的判决。不仅律师对同一法律的理解不同，法官也可能各持己见，这实在令人诧异。有时，反对意见随后由高等法院或议会采纳以代表法律。在一起美国案件中，克拉克森法官（Justice Clarkson）对奥利弗诉美国罗利市（Oliver v City of Raleigh 1937：857）发表反对意见前说：

> 本案已付诸文字，形成冷冰冰的定稿，因而地位提升，成为
> 至高的法律依据，在以后的岁月里，会以"陶工颤巍巍地手握陶
> 轮"的方式被反复引用。也许那时，文字会赋予法庭机会，宣称
> "是的，而且工匠冷酷无情，袖手旁观，眼睁睁地看着花盆碎裂"。

丹宁法官因对许多案件发表反对意见而闻名，他的几项反对意见后来都成了法律，包括涉及疏忽性虚伪陈述的责任。在《法律的约束》（*The Discipline of Law*）一书中，丹宁法官（1979：287）记述了他发表的一些反对意见，"促成了议员们的判决，假如没有我对先前判例的反对意见，判决结果也许大不相同"。

4.6 判例报道

如果没有对早期案件及其判决过程做好汇编,律师们就无法向法官引述判例。因此,具有约束力的判例能否起作用,取决于现存的各种判例报道服务,它们是查看先前司法判决的途径。

因此,判例原则的专业化和可靠性是与判例报道的发展同步进行的。最早的判例报道称为《年鉴》(*The Year Book*),出现于 1275 年至 1535 年之间。

私人报道的出版速度缓慢且价格昂贵。1865 年,判例报道联合理事会(Incorporated Council of Law Reporting)成立后,这一局面终于得以改观。1870 年,理事会注册成为法人实体,更名为英格兰及威尔士判例报道联合理事会。理事会在法学院和律师协会的支持下成立,旨在撰写比先前更加迅速快捷、价格低廉、准确无误的判例报道。

如今,判例报道由判例报道联合理事会撰写。判例报道具有明显的优势,涵盖了理事会的论证总结,而且,或许更为重要的是,判例报道总是由经手案件的判案法官本人亲自修订、校对后才最终出版。

随着整个法律制度的不断现代化,引述判例的方式也相应地发生变化。因此,自 2001 年 1 月起,引入了一种新型的中立性的制度,各个法院的判例引述如下(EW 指的是英格兰和威尔士):

上诉法院(民事分庭)　　　　(年份)EWCA 民事案第　号

上诉法院(刑事分庭)　　　　(年份)EWCA 刑事案第　号

高等法院:王座分庭	(年份)EWHC 案第	号(QB)
高等法院:衡平分庭	(年份)EWHC 案第	号(Ch)
专利法庭	(年份)EWHC 案第	号(Pat)
王座分庭	(年份)EWHC 案第	号(QB)
行政法庭	(年份)EWHC 案第	号(Admin)
商事法庭	(年份)EWHC 案第	号(Comm)
海事法庭	(年份)EWHC 案第	号(Admlty)
技术与建设法庭	(年份)EWHC 案第	号(TCC)
家事分庭	(年份)EWHC 案第	号(Fam)

一起案件的单项判决中,段落依序编号,判决超出一项时,段落编号连续进行。例如,阿尔科克案的判决用到了 2003 年的阿特金森和阿诺尔诉西格尔案(Atkinson & Anor v Seghal 2003)。该案裁决:导致起诉人女儿丧命的骇人交通事故的即时症状,从事故突发之时延至起诉人离开太平间之际。民事审判法官以太平间之行为分界线,太平间之行不仅是去辨认尸体,而且也成了起诉人承受过程的终点。根据太平间的景象,被告可能要负责。该案被中立地引述为[2003]EWCA 民事案第 697 号。意思是该案判决于 2003 年,在英格兰和威尔士上诉法院民事分庭的案件编号为第 697 号,中立报告中没有页码编号。

其他判例报道中也有该案的报道,包括 LTL21/3/2003,(2003)Lloyd's Rep Med 285 和(2004)78BMLR 22。如果需要了解判例报道的首字母缩写代表什么(LTL 代表 Lawtel Transcripts,Lloyd's

Rep Med 代表 Lloyd's Law Report Medical，而 BMLR 代表
Butterworths Medico-Legal Reports），那么首选是查看卡迪夫法律缩
略语网站(Cardiff Legal Abbreviations website)。

4.6.1 电子版法律

与其他大多数领域一样，信息技术的发展也迅速改变了判例报
道的形式，以及查找判例报道及法规的形式。以上提到的许多判例
报道既可以在 CD－ROM 上查到，也可以在互联网或者 Justis，
Lawtel，Lexis-Nexis，Wetslaw UK 等数据库中查到。

在法律引文中，假如遇到不理解之处(不理解案件名称后的字母
和数字)，就需要查找法律缩略语。最简便的查找方式是查看英国科
学院(British Academy)的网站：britac. ac. uk，点开"法律选项"("Law
Option")，显示法律页之后，向下查找菜单列表，点击进入法律缩略
语 Legal Abbreviations(UK)。

4.7 评判判例制度

对于法律制度及宏观社会环境而言，判例制度有利有弊：
判例制度的优势在于其连贯一致性、确凿性、高效性和灵活机动
性。方法的连贯一致性源自"同类案件判决相同"，对于存在质疑的
案件，不会因判案法官的个人喜好而异。在判断具体案件的判决是
否合法时，正式判决的同质性至关重要。确凿无疑的法律，或接近于

确凿无疑的法律广为接受,是因为律师及其委托人能够通过查阅先前判例,预测相关法律问题的潜在答案。因此,一旦法律借助案件得以确立,个人就能去参考、指导自己的行为,并且明白未来的法庭不会将其改变。

由于判例原则的存在,在法庭上同类案件不必进行重复辩论,因此,节约了司法部门、律师及客户的时间,提高了判案效率。这也节省了当事人的法庭费用,他们可以从自身案情出发,根据先前判例在相同或相似点上的判决,去咨询律师。此外,判例制度还具有灵活性,因为法庭可以自由地推翻先例、识别,创造性地发展法律,这就意味着,除了不得不根据判例做出明显不公正的裁决外,法官再也找不到更好的判案依据的情况。正如伊舍勋爵(Lord Esher)在埃门斯诉波特尔案(Emmens v Pottle 1885:357)中所述:"所有提议的结果都表明,英国的普通法完全不合情理、不太公正,根本无法充当英国的普通法。"

判例原则的弊端在于:判例原则在英国法律制度中增加了不确定因素,使其教条刻板、不合宪法。弊端的起因恰恰就是优势的源头。衡量众多因素后发现,情况就是如此:小型轻便车易于驾驶,便于停放,耗油量小,却没有大型车辆那么结实、安全,载人数也少。判例制度之所以具有不确定性,是因为可查的权威判例报道数量庞大,减弱了遵循先例原则所产生的确凿无疑性(判决不变,即先前判决决定了当前案件的判决)。充溢数量庞大的判决之海中,确凿无疑实在无法立足。成千上万的判例中,判决原则如此之多,判例之间的差异又如此细微，要找出法庭针对当前案件应采用哪种法律解释，并非易事。司法部门从数量庞大的判例中进行选择的能力，以及法官认为遵循先前判例会导致判案不公的情况下去识别先前判例的能力，都会增加判例制度的不确定性。

判例原则加剧了法律的刻板教条性，有时会遭到社会的藐视。任何领域的法律，都有可能因先前判例判决不公而就此固定下来，结果使得先前判例的不公正判决沿用下去。其中一例就是法庭在拖延了很久之后，才乐于改变法律，认定婚内强奸属于犯罪行为。20世纪70年代以来，众多论证陆续呈送法庭，体现那些被丈夫强奸的女性的利益，但是直到1992年，上议院才修订法律，认定婚内强奸属于犯罪行为。判例制度还有一个颇具争议的弊端，就是判决结果可能与宪法不符。指的是：司法人员可能会逾越理论上的宪法职责，去制定法律，而非仅仅是运用法律。司法人员未被选为立法者，为何该让他们立法呢？法官本应仅仅做间隙性立法——法规间的间隙空白。法官在应用法律的过程中填补细节，制定新的细小规则。不过事实上，如我们所见，法官可以做大量的创新工作。

在讨论了法官如何根据英国法律及判例来判案后，下一章将探讨欧洲法律及其如何应用于英国。

第五章

欧盟法

—

5.1　引言

　　对每个人而言，要想了解英国法律而忽视英国作为欧洲联盟（European Union，以下简称"欧盟"）成员国的身份，都不切实际，也根本不可能。更重要的是，英国媒体及许多政治观点各异的政界人士都对欧盟抱有敌对态度，这意味着，许多英国人接近欧盟的总体理念、法律和法规时，即使不完全持明显的敌对态度，也都抱着谨小慎微、保守观望的态度。本章旨在介绍欧盟组织结构和欧盟法律的基本背景知识，以便读者增进了解、客观评价。首先，必须区分欧洲环境下运行的两种法院：欧洲法院（European Court of Justice），设在卢森堡，是欧盟的司法机构；欧洲人权法院（European Court of Human

Rights），设在斯特拉斯堡，处理涉及《欧洲人权公约》的案件。有些政界人士固执地混同了或是至少混淆了这两种法院。下一章将介绍欧洲人权法院的运作情况。

5.1.1　欧盟的发展

迄今为止，建立一个综合性的欧盟组织仍是个长远且需要不懈努力的过程，起因有两个：一是灾难性的第二次世界大战，二是东欧苏联集团（soviet bloc）的成立。欧盟的宗旨，就是将分裂的欧洲各国（尤其是法国和德国）联合在一起，以防未来发生武装对抗。建立欧盟的第一步是建立欧洲煤钢共同体（European Coal and Steel Community）。第二步是在 1957 年签署的《罗马条约》（Treaty of Rome）的基础上，建立欧洲经济共同体（European Economic Community）。最初，法国总统戴高乐拒绝英国加入欧共体，但英国最终还是于 1973 年成为欧共体 6 个创始成员国之一。

欧共体扩大后修订了《罗马条约》，进一步寻求联盟。因此，1986年，《单一欧洲法》（Single European Act）确定，在欧洲理事会（European Council）内部建立单一的经济市场，并且扩大了部长理事会（Council of Ministers）多数表决权的使用范围。《马斯特里赫特条约》（the Maastricht Treaty）则进一步加快了向超越国家的欧洲联邦机构迈进的步伐。从某种程度上，《马斯特里赫特条约》表明，欧洲是一个社会、政治及经济共同体。英国前保守党政府抵制欧盟的成立，是因为欧盟参与所有事务，而非仅限于经济市场，该政府还反对、拒绝接受社会事务(与经济事务相对而言)条款。因而,英国拒不接受《马斯特里赫特条约》的社会宪章部分。1997 年当选的工党政府则没这么保守,英国不再持反对态度,于是,同年制定的《阿姆斯特丹条约》(the Treaty of Amsterdam)将《欧洲社会宪章》(the European Social Chapter)纳入了《欧盟条约》(the EU Treaty)。

随着欧共体单一市场的建立,人们认为使用单一货币,或最起码,采用更加紧密的综合货币制度,可以极大地促进单一市场的运行。因此,1979 年,欧洲货币体系建立了,各国货币都按照名为欧洲货币单位(ECU)的货币来衡量,并且规定了可以在一定范围内上下波动的稳定汇率。1992 年,作为欧洲货币体系成员国的英国,由于金融投机导致英镑贬值,被迫退出欧盟。然而,欧盟其他成员国则继续执行货币联盟政策,现在称为欧洲货币联盟(European Monetary Union)。1999 年 1 月,发行了新的欧洲货币欧元,取代了现欧元区内各国的货币。起初英国并未加入欧洲货币联盟,在可预见的未来,英国政治议程上出现是否加入欧洲货币联盟议题的几率也微乎其微,金融危机席卷了许多欧洲货币联盟国家之后,尤其是那些处在欧盟边缘国家的情况下,这种几率就更小了。

2000 年 12 月,欧洲理事会在法国南部城市尼斯召开会议,理事会由欧盟成员国的国家元首或政府首脑组成,被赋权修订欧盟条约(见下文)。这次会议的宗旨是:截至 2004 年,欧盟成员国的数量准备从 15 个扩大到 25 个,目前已经扩至 27 个。

之后,于 2002 年 2 月成立了欧洲未来公约(a Convention on the

Future of Europe），旨在制定欧盟宪法，主席为法国前总统瓦列里·吉斯卡尔·德斯坦（Valery Giscard d'Estaing）。欧洲未来公约拟定了宪法草案，希冀能为欧盟内部决策制定更加简洁、高效和透明的程序，并且能够提升欧盟在世界舞台上的形象。新宪法的提案如下：

◎ 确立欧盟主席新办事处。

◎ 任命欧盟外交部长。

◎ 转为两级委员会（a two-tier Commission）。

◎ 减少国内否决权。

◎ 增加欧洲议会权力。

◎ 简化投票权。

◎ 由核心成员国建立欧盟防御部队。

◎ 制定基本权利宪章。

2005年5月至6月期间，法国与荷兰选民先后进行全民公投，反对实施《欧洲宪法》。制定《欧洲宪法》的举措就此搁浅。这一受挫信号意味着英国政府无须履行承诺，举行全民公投来表决宪法提案。然而，与欧盟大多数立法提案一样，新宪法并未就此销声匿迹，而是于2007年12月再次现身，更名为《里斯本条约》（the Treaty of Lisbon），由全体成员国一致签署生效。

《里斯本条约》招致了许多国家的反感，原因是其中包括了先前被否绝的宪法提案中的大部分提案。从法律角度看，《里斯本条约》仅仅修正了一些现行条约，并未按照先前宪法的提案那样，将现行条约完全取而代之。而实际上，《里斯本条约》包括了先前宪法提案中的所有实质性变化。一些欧盟元首认识到了这一点，不过英国没有意识到。英国政府认为（当然并不完全令人信服），《里斯本条约》仅仅是个修订案，属于调整措施，因此，无须按照对宪法而言必须、承诺的方式，由全民公投来表决，于是英国政府拒绝进行全民公投。

2010年3月底，继《里斯本条约》之后，经过修改的欧盟基本管理条约相继问世，包括：更新版的《欧盟条约》（Treaty on European Union），重命名的《欧盟运作条约》（Treaty on the Functioning of the European Union，即先前的《建立欧共体条约》），以及《欧盟基本权利宪章》（the Charter of Fundamental Rights of the European Union）。

5.2　欧盟基本条约

5.2.1　《欧盟条约》

《欧盟条约》共分6编，以下是一些最重要的具体条款。

第1条声明"欧盟将会取代并继承欧共体"。这意味着以后将不存在混淆问题，即何时称"欧共体"而非"欧盟"更为恰当，而将一律称为"欧盟"。第47条进一步赋予欧盟合法资格，意味着欧盟及其成员国都将成为欧洲理事会的正式成员。

第3条概述了欧盟的目标：

◎ 促进和平，推广欧盟价值观，提高成员国人民的福利水平；

◎ 确保成员国人民在各成员国之间自由流动，出入非欧盟国家则有所限制；

◎ 创建欧盟内部市场,旨在实现充分就业,促进社会进步,有效地保护、改善环境质量；

◎ 建立以欧元为流通货币的经济和货币联盟,提升联盟的价值,同时致力于消除贫困,关注人权,尊重联合国宪章；

◎ 要求欧盟采取"恰当的方式"实现这些目标。

第6条要求欧盟必须遵守《欧盟基本权利宪章》和《欧洲人权公约》。

第9条确定,欧盟公民人人平等,各成员国公民均属欧盟公民。不过,欧盟公民身份显然并不取代国家公民身份,而只是各成员国公民的附加身份。

第13条按照以下顺序和名称(欧洲中央银行除外)列出了欧盟的机构,详情如下:

◎ 欧洲议会（the European Parliament）

◎ 欧洲理事会(the European Council)

◎ 欧盟理事会（the Council）

◎ 欧洲委员会(the European Commission)

◎ 欧盟法院(the Court of Justice of the European Union)

◎ 欧洲中央银行(the European Central Bank)

◎ 欧盟审计院(the Court of Auditors)

第15条确定了欧洲理事会主席。

第18条确立了欧盟外交与安全政策联盟的高级代表。

第 21 条和第 46 条是关于建立和贯彻统一的欧盟外交政策的，包括：

◎ 遵守联合国宪章，促进全球贸易，加强人道主义救援，推动全球治理。

◎ 建立欧洲对外行动局（European External Action Service），承担欧盟外交部及外事服务等职责。

◎ 推进包括共同防御在内的军事合作。

5.2.2 《欧盟运作条约》

《欧盟运作条约》涵盖欧盟组织机构及其运作详情，其中部分细则可以追溯到最初的《罗马条约》。

《欧盟运作条约》第 2 条规定：

> 各项条约授予欧盟权利，在特定领域具有专属权的情况下，惟有欧盟可以立法，并且采用具有约束力的法案，各成员国只有在获得欧盟授权或实施欧盟法时，才能自行立法或采用具有约束力的法案。

第 3 条详细列出了欧盟具有专属权的领域：

（a）关税同盟；

（b）确立欧盟内部市场运行所必需的竞争规则；

（c）为以欧元作为流通货币的成员国制定货币政策；

（d）遵照共同的渔业政策，保护海洋生物资源；

（e）共同的商业政策。

第 3 条规定，欧盟还具有缔结国际协定的专属权，不过所签协定要服务于欧盟法，或者有助于欧盟发挥作用，或者会影响共同规则或是改变规则实施的范围。

之后将探讨特定条款的细则。

5.2.3 《欧盟基本权利宪章》

《欧盟基本权利宪章》共分 7 章，包括 54 项条款。前 6 章涉及具体权利：

◎ 尊严，包括生命权，严禁实施酷刑，严禁采取不人道行为或侮辱行为对待或惩罚他人等。

◎ 自由，包括个人自由权，个人安全权，就业权，以及自由经商权等。

◎ 平等，包括法律面前人人平等，禁止歧视等。

◎ 团结，强调工人享有良好工作条件的权利，保护工人不会在无正当理由时遭到解雇，行业知情权，咨询权，参与集体谈判权和参与企业经营权。

◎ 公民权，包括选举过程中的选举权和被选举权。

◎ 司法权，包括接受公正审讯的权利，无罪推定和辩护权。

包括英国在内的很多成员国经过协商，选择放弃了《宪章》的一些条款。

5.3 议会主权、欧盟法和法院

议会主权原则是英国宪法的基本原则之一。一方面,只要遵循适当的程序,议会可以自由制定法律。这样一来造成的必然结果是本届议会无法约束下届议会的自由裁量权,使其遵从本届议会的愿望来制定法律。法院的作用仅仅是阐释议会制定的法律。鉴于英国的欧盟成员国身份,以及英国本国法律与欧盟法之间的关系,英国宪法的上述原则都出现了问题。

英国加入欧盟之前,欧盟法与根据其他司法程序制定的法律一样,不为英国人所知。然而,一旦加入欧盟,英国和英国公民都承认且遵守欧盟法。即使涉案双方都是英国公民,在所涉案件中也仍然会使用欧盟法。换言之,在所有适用的情况下,欧盟法反过来代替了现行的英国法律。《1972 年欧共体法》确立了英国的欧共体成员国身份,在 s. 2(1)中,清楚地描述了英国将遵守所有现行和未来的欧共体法或欧盟法,规定如下:

> 欧盟各项条约中因时而异所产生或提出的所有权利、权力、责任、义务和限制,以及所有修订和程序,将无须进一步立法,在英国获得法律地位,依法生效,付诸使用,并在英国法律中给予认可,获准立法,付诸实施,经由许可,自此遵循。

> (补充强调部分)

法克特塔梅案(Factortame)中,欧盟法取代了英国法律,英国法律完全无效。欧洲经济共同体制定的《共同渔业政策》(the Common Fisheries Policy)限制成员国渔船的捕鱼数量。为了获取英国的鱼类资源和捕捞配额,西班牙船主成立了英国公司,并将自己的船只重新注册,变成了英国船。为了阻止此类滥用、侵犯本国渔民权利的行为,英国政府《1988年商船法》(the Merchant Shipping Act 1988)规定,以英国名义注册的渔业公司必须在英国境内主营,并且至少有75%的股东属于英国公民。《1988年商船法》有效地制止了西班牙渔船占用英国渔业配额的行为。大约有95名西班牙渔船船主申请英国法院对此进行司法审查,理由是《1988年商船法》违反了共同体法(Community law)。

根据《欧盟运作条约》第267条,高等法院裁定,《1988年商船法》的合法性问题需诉诸欧洲法院(European Court of Justice)。但与此同时,却采用临时过渡措施,以禁令的形式,禁止对渔民实施《1988年商船法》。经过上诉,上诉法院撤销了该禁令,并由上议院批准生效。然而,上议院将欧共体法与相冲突的英国国内法的关系问题提交到了欧洲法院。实际上,他们一直在询问英国法院究竟应该遵循国内法还是欧共体法。欧洲法院的裁决是:根据《罗马条约》,国内法院应遵循欧共体法中可直接执行的条款,这样一来,英国法院需对所有违背欧共体法的国内法置若罔闻。于是,上议院又宣布那条临时禁令有效。后来,欧洲法院做出裁决,根据高等法院移交的最初提案,《1988年商船法》违反了欧共体法,因此,西班牙渔业公司应在英国法院起诉,要求赔偿。后续索赔一直上诉到了上议院,最终于 2000 年 10 月结案,判决英国负有赔偿责任,赔偿金约在 5 千万至 1 亿英镑之间。

5.4 《欧盟法》的渊源

因其性质和渊源,欧共体法可以直接影响到成员国的国内法,换言之,成员国公民可使用欧共体法,无须所属国在本国法律制度内执法(参见法克特塔梅案)。

于是产生了两种直接效力。垂直直接效力指成员国公民可借助《欧盟法》应对政府行为,但不能应对其他公民。水平直接效力允许公民使用欧共体法应对其他公民。欧共体条款只有在共同体法律体系内实施才能产生效力。

《欧共体法》共有四个渊源:

5.4.1 内部条约

内部条约(internal treaty)管理欧盟的所有成员国,所有条约都凌驾于国内法律条款之上。正如前文提到的那样,裁决条约包括:

◎《欧盟条约》

◎《欧盟运作条约》

◎《欧盟基本权利宪章

5.4.2　国际条约

国际条约(international treaty)是由欧洲委员会代表整个欧盟通过谈判与其他国家缔结的条约,对欧盟各成员国都具有约束效力。

5.4.3　二级法律

二级法律(secondary legislation)是根据《罗马条约》的第249条(原第189条)制定的,包括欧洲理事会和欧洲委员会使用的三种法律:

◎ 规章(regulations):总体上适用于各成员国,并在各成员国内使用,无须成员国通过即可立法。从制定之日起,规章就具有约束力和执行力,各成员国无须通过任何立法来使规章生效。因此,1979年的麦卡锡有限责任公司诉史密斯案(Macarthys Ltd v Smith),从上诉法院移交到了欧洲法院,第157条规定,原告有权维护其在国内法中所没有的权利,这里指英国加入欧共体之前制定的《1970年同工同酬法》(the Equal Pay Act 1970)。国内法显然没有提及离职员工和现任员工之间的区别,而第157条中"同工同酬"的确包含了这种情况。最终史密斯获得了与先前任该职的男员工相同的酬劳。

◎ 指令(directives):明确了总体目标,将具体执行权赋予各成员国,以适当的形式执行。然而,指令指出了目标及其实现途径,欧洲法院会直接促成内容足够清晰、完整的指令生效[参见1974年范杜因诉内务部案(Van Duyn v Home Office)]。指令通常会给成员国一定的时间期限,要求期限内在国内法体系内执行条款。假如成员国未能执行或未能完全执行指令,其公民在与国家产生交易问题时,均可引述、使用指令。此外,1991 年弗朗科维奇诉意大利案(Francovich v Italy)表明,因成员国未能执行共同体法而导致公民受损时,公民可以向国家提出赔偿要求。

◎ 行政性决议(decisions):是在实施欧洲法律、执行欧洲政策的基础上制定的,目的不是产生普遍效力,而是针对特定的国家和个人。根据第 288 条,行政性决议具有法律效力。

此外,《欧盟条约》第 17 条第 1 款规定,实施共同体法过程中,委员会有权提出劝告和反对意见,来解释国内法中的歧义条款,却不具备约束力。

5.4.4　欧洲法院的判决

欧洲法院是欧盟的司法部门,在《欧盟法》范围内,欧洲法院的判决可以推翻国内法院的判决。根据第 267 条,案件裁决之前,国内法院有权向欧洲法院提出申请,要求依据共同体法的条款做出初步裁决。

《1972 年欧共体法》第 2 条第 1 款规定,共同体法在英国即刻生效。第 2 条第 2 款规定,获得任命的部长或部门可以启用理事会议事规则,促成其他未直接生效的共同体法生效。

5.5　欧盟的机构

欧盟的主要机构如下：部长理事会、欧洲议会、欧洲委员会以及欧洲法院 。

5.5.1　欧盟理事会

欧盟理事会由 27 个成员国的部长级代表组成。依据所涉事务的性质，理事会的实际构成会随之发生变化。涉及经济事务，出席代表为各国财政部长；涉及农业事务，出席代表为各成员国的农业部长。理事会主席筹划安排各成员国专门委员会的构成，现任主席为赫蒙·范龙佩（Herman Von Rompuy）。外交理事会（Foreign Affairs Council），即各国外交部长之间的会晤，由欧盟高级代表主持，现任代表为阿什顿男爵。*

部长理事会是欧盟的最高决策机构，因此在欧盟法中享有最终裁定权。尽管理事会奉行欧洲委员会制定的提议和提案，但是理事会有权要求委员会开展专门调查，提交详尽的提案进行审议。

理事会裁定采用混合投票表决制。有些措施要求简单多数投票制；还有些措施，采用有限制多数投票制（qualified majority voting）；而其他措施则需要全票通过。有限制多数投票制的运行机制如下：

　＊　编辑注：本书出版于 2011 年。

27 个成员国按各国人口数分配投票数量,各国投票数从 3 票到 29 票不等:总票数为 321 票。

《1986 年单一欧洲法》(Single European Act 1986,已并入英国法)和《里斯本条约》(the Lisbon Treaty)扩大了有限制多数投票制的使用范围,但在敏感的政治领域,包括协调间接税(indirect taxation)或公民自由流动方面,仍然要求全票通过。由于专门委员会构成的变动,故大部分日常工作都交与常驻代表委员会(Committee of Permanent Representatives),以欧洲经济共同体常驻代表委员会的名称开展工作。

5.5.2 欧洲议会

欧洲议会为直选机构,因此,欧洲议会是对欧盟实施民主管理的机构。与国内议会一样,当选议员代表选民,每 5 年举行一次大选。

目前欧洲议会共有议员 785 名,议员按人口比例分布。德国占99 个议席,而英国、法国和意大利各占 72 个。小一点的国家卢森堡、爱沙尼亚、塞浦路斯各占 6 个议席,欧盟议席最少的国家是马耳他,占 5 个议席。

欧洲议会总秘书处设在卢森堡,尽管每月为期一周的全体议员大会在斯特拉斯堡举行,但详尽的准备工作需要 18 个常务委员会开展,常务委员会通常在布鲁塞尔会晤,讨论欧洲委员会的提案,并将提案报告提交欧洲议会讨论。

然而,不应混淆欧洲议会的权力和各国议会的权力,因为欧洲议会不是立法机构,欧洲议会协助部长理事会工作。起初,欧洲议会的权力仅限于咨询和监督。然而,《1986年单一欧洲法》扩大了欧洲议会的立法权。该法制定之初,议会的作用更加重要,尤其是在完善欧洲内部市场方面。如今,假如欧洲议会希望对立法提案进行改动或修订,就可以直接与理事会进行协商。欧洲议会还可以干预、质疑并更改由委员会提交理事会通过的"共同立场"。如果理事会坚持最初的"共同立场",唯有全票通过才可以执行。

《1986年单一欧洲法》还规定,任何国际协定若要在欧盟实施,必须获得欧洲议会的同意。因而,欧洲议会不仅对贸易条约具有最终控制权,而且对欧盟成员国的扩充具有最终决定权。之后,《里斯本条约》进一步扩大了议会的权力,事实上,包括预算和农业在内的大多数立法中,条约赋予了欧洲议会与理事会平等的共同决定权。

欧洲议会与部长理事会都是欧盟的预算机构。委员会草拟预算后呈送理事会和议会。对于"必支费"("obligatory" expenditure),理事会拥有最后决定权,而"非强制性"开支("non-obligatory" expenditure)能否得到批准,议会拥有最终决定权。这种预算管理制度使得议会的地位极其重要,还会影响欧盟的政策,也许议会的最高权力是可以投票反对委员会,要求委员会集体辞职(resign en masse)。

5.5.3　经济与社会委员会

如果说议会是直选产生的欧盟机构,那么经济与社会委员会则代表了欧盟那些并非选举产生,却具有影响力的利益集团。经济与社会委员会属于咨询机构,理事会通过任何委员会提案之前,必须先征询经济与社会委员会的意见。

5.5.4 欧洲委员会

欧洲委员会是欧盟的执行机构,负责实施欧盟的政策。欧洲委员会设有 27 个委员,分别选自各成员国,每 4 年改选一次。委员们被派往各部门担任主管,专门负责欧盟政策的拓展。总体而言,委员们一旦得到任命,就要以欧盟整体利益而非本国利益为重了。

按照欧盟政策,委员会负责确保各成员国依照条约履行彼此间的义务,并确保与个人相关的共同体法能够付诸实施。为了行使这些职责,委员会具有执行权,负责调查可能违反欧盟法的行为,并处罚违法者。主要体现委员会执行权的是竞争法领域。根据《欧盟运作条约》第 101 和 102 条,委员会有权调查、管控可能出现的垄断和反竞争行为,在个人案件中,一旦查明违反欧盟竞争法,委员会有权处以高额罚款。例如,2009 年 5 月,美国电脑芯片制造商英特尔公司,因主导微芯片市场,被委员会处以罚款,金额创历史新高。英特尔被指控利用折扣手段将美国超威半导体公司(Advanced Micro Devices)挤出了市场,罚款总计 10.6 亿欧元,相当于 9 亿 5 千万法郎,14.5 亿美元。2009 年 9 月英特尔公司对裁决和罚款提起上诉。

委员会遵循理事会的指示,在欧盟和非欧盟国家之间进行协调。

除了执行职责外,委员会在欧盟立法过程中也起着举足轻重的作用。理事会只根据委员会的提案进行商讨。因此，委员会有义务向理事会提出措施，推动欧盟总体政策的成功实施。

5.5.5　欧洲法院

欧洲法院是欧盟的司法机关，在共同体法范围内，欧洲法院的判决可以推翻国内法院的判决。欧洲法院设在卢森堡，由来自成员国的27位法官组成，8位法务官协助工作。法务官审查起诉至欧洲法院的案件，撰写审查报告，报告和建议一起提交欧洲法院审查。根据报告的合理性，负责实际执行的法院自行决定是否接受立案。

《1986年单一欧洲法》规定，新的一审法院隶属于现欧洲法院。根据《里斯本条约》，新的一审法院重新命名为普通法院（General Court）。普通法院对一审案件具有审判权，而法律要点存在争议的上诉案件则要依法提交欧洲法院。2004年，就欧盟职员的内部索赔案，一审法院一审判决后，移交新成立的欧盟公务员法庭（European Union Civil Service Tribunal）审理。欧洲法院、普通法院和欧盟公务员法庭共同组成了欧洲联盟法院（简称欧盟法院）。欧盟法院的职责主要有两种：

（a）裁定那些由委员会、理事会或各成员国政府所采取的措施或所否决的权利是否符合《里斯本条约》的规定。任何欧盟机构、政府或个人都可以就此提起诉讼。2000年10月，欧盟法院宣告欧盟98/43号指令无效，该指令要求成员国不得做烟草产品广告，不得提供赞助，此前，因欧共体条约的条款有误，致使这项指令得以通过。

成员国不遵守《里斯本条约》的情况多种多样。要么是无法履行或拒不遵从《里斯本条约》的条款或规章;此外,还有可能是拒绝在规定的期限内实施指令。因此,委员会、其他成员国甚至本国公民都会将未履约的国家起诉至欧洲法院。

1996 年,英国爆发了"疯牛病"后,欧洲委员会颁布了禁止英国牛肉出口的禁令。1998 年,禁令得以部分解除,自 1999 年 8 月 1 日起,只要动物屠宰前的记录符合出口条件,就可出口至欧共体各国。当时,法国食品卫生安全局(French Food Standards Agency)仍在关注英国牛肉的安全问题,与此同时,欧洲委员会发布协议书,声明来自英国的肉和肉制品必须标明产地。然而,法国依然拒绝解禁,依然禁止进口英国肉类。随后,欧洲委员会向欧洲法院提出申请,要求宣布法国违反了共同体法,没有解除禁令,没有在法国境内销售清产地的英国牛肉。2001 年 12 月,在"欧共同体委员会诉法国案"中,欧洲法院裁定,法国政府未能提出充分辩词,来说明未能执行指令的理由,因此判定法国政府违反了共同体法。

(b) 按照《欧盟运作条约》第 267 条,在各国国内法院提出请求,需要解释共同体法的要旨时,欧盟法院具有权威裁定权。一旦国内法院根据第 267 条提出申请,就需要延缓国内诉讼,等待欧洲法院对存有质疑的问题进行裁定。欧洲法院裁定案件的过程中,即使违反了国内法条款(如法克特塔梅案),国内法院也应该暂停审理。

与英国法院一样,欧洲法院不受判例原则的约束。只要情况合适,欧洲法院随时可以置先前判例于不顾。尽管欧洲法院尽量遵循判例,但偶尔也会忽视判例,例如,1990年"欧洲议会诉理事会案"中,欧洲法院裁定,议会有权采取违背理事会的行动。

5.5.6 欧盟审计院

顾名思义,欧盟审计院(the Court of Auditors)专门负责审计欧共体的财务状况,审核欧共体所有的收支管理是否合法、规范和合理。

如上所述,欧盟法有一小部分涉及人权问题。然而,在欧洲,《人权法》的主要渊源是《欧洲人权公约》和欧洲人权法院(并非欧盟机构)。下一章将探讨人权问题。

第六章

人权——《欧洲人权公约》与《1998 年人权法》

—

6.1　引言

《欧洲人权公约》，全称《欧洲人权及基本自由公约》，制订于 1950 年。德国纳粹政权曾经残忍地虐待犹太民族和其他民族。为防止此类灾难再次发生，特拟定《欧洲人权公约》，以确保、保障基本人权。英国是最早签署《欧洲人权公约》的国家之一，并于 1996 年授权欧洲人权委员会，准许审理英国公民个人的诉讼。与此同时，英国也认可欧洲人权法院的裁定权威。不过，英国当时并未将《欧洲人权公约》纳入英国法律。

未将《欧洲人权公约》纳入英国法律，导致英国法院不能直接执行《欧洲人权公约》。在 1991 年女王诉英国内务部原国务大臣布林德案(R v Secretary of State for the Home Department ex p Brind)中,上诉法院裁定,执行性指令无须遵循《欧洲人权公约》,因为假如执行性指令都遵循《欧洲人权公约》,就等于越过必要的立法程序,将《欧洲人权公约》纳入了英国法律。因此,英国公民无法借助本国法律体系谋求国家赋予公民的权利,他们不得不借助国外的法院,而且,必须要经过完整的英国司法程序后,才能上诉至国外的法院。这种局面令人沮丧,而且对于依循《欧洲人权公约》的原告也不公平。包括首席大法官宾厄姆勋爵(Lord Chief Justice Lord Bingham)在内的大多数法律界人士,都支持《欧洲人权公约》的纳入事宜,不仅仅是出于道义,还因为他们依据熟谙的英国法律做出的裁决上诉至欧洲法院后会被推翻,对此他们深恶痛绝。同样地,对于欧洲法院根本没有直接吸纳英国法律体系就对案件做出裁决,并发展法理体系,他们也颇有微辞。然而,英国法院并非完全无视《欧洲人权公约》,裁决案件时也尽量采取不违背原则。当然,英国法院在实施成文法并尽量不违背《欧洲人权公约》的情况下,都是依据《欧洲人权公约》来解释成文法的。或许由于两者之间的关系,法院通常会依照《欧洲人权公约》来解释《欧洲共同体法》。然而更直接的是,只要普通法的内容不确定、不清楚或不全面,法院都尽可能会按照《欧洲人权公约》做出裁决,只要成文法模棱两可,法院就会认为,立法时英国议会都是遵照《欧洲人权公约》规定的国际义务来进行的。正如已故的宾厄姆法官所说:"虽然未能将《欧洲人权公约》公开地纳入英国法律,但是通过这些方式,它已隐秘地渗入了英国法律。"(格雷伯爵纪念演讲会,http://webjcli.

ncl. ac. uk /1998/issue1 /bingham1. html)

　　尽管遵循《欧洲人权公约》的司法操作取得了一定的进展,但是情况并不尽如人意。各种团体都在施压,竭力将《欧洲人权公约》纳入英国法律体系,1995 年,一项旨在推动《欧洲人权公约》纳入英国法律的普通议员议案提交上议院,当时的内政部长布拉奇女士(Lady Blatch)表达了政府的态度,"从理论和实践角度讲,纳入事宜都不受欢迎,且多此一举"。然而,当时的在野党工党却支持纳入,并于 1997 年上台之际就着手纳入事宜,最终促成了《1998 年人权法》的诞生。

6.2　《欧洲人权公约》赋予的权利

　　一些条款并入英国法律,列入《1998 年人权法》第一条附则中,内容包括以下方面:

6.2.1　生命权

　　第 2 条规定:"所有人的生命权都应当受到法律的保护",因此,只有在少数极其特殊的情况下,国家才能动用武力剥夺生命权。例如,警察适当使用武力自我防卫。

6.2.2　禁止酷刑

　　第 3 条明确规定:"不得使用酷刑或非人道、侮辱性的方式对待或惩罚任何人。"这是条绝对禁令,任何情况下,酷刑都属于不正当行为。

6.2.3 禁止奴役、禁止强制劳动

这是第 4 条规定,属于绝对权利。

6.2.4 自由权和人身安全权

介绍了基本权利后,第 5 条列出了可以合法剥夺人身自由的情况,例如,个人得到"公正审判",被判有罪后被剥夺自由。

6.2.5 公正审判权

之后,第 6 条规定:"在适当的时间内,任何人都有权获得公平、公开的听证会。"这一条既适用于刑事指控,也适用于民事诉讼。听证会必须即刻举行,受到刑事指控的嫌疑人在未依法获罪前,均当被认定无罪。

6.2.6 禁止实施追溯犯罪行为的禁令

通常,个人先前未被认定的犯罪行为,之后也不得认定为有罪行为。然而第 7 条明确规定,凡是文明国家的通用法律条文认定的犯罪行为,事后仍可被判违法行为。

6.2.7 隐私权和尊重家庭生活的权利

第 8 条的权利还包括个人居所权和通信权。不过,与《欧洲人权

公约》中的其他条款一样,是否应包括协助自杀并从中获益等,仍有待讨论。

6.2.8 思想自由、良知自由和宗教自由

第9条规定人人均有权坚持自己的观点或信仰,不过在特定情况下,国家可以限制或控制奉行信仰的方式。

6.2.9 言论自由

第9条规定了观点和见解自由权,第10条则保护观点表达权。本条款的权利包括"自由接收、传播信息及思想,不受政府干涉,不受国界约束",此条款既适用于观点的倾听者和接收者,也适用于观点的发表者和传播者。然而,言论自由也受到一些限制。若个人毫无顾忌地发表冒犯他人的观点,国家可以使用法律,限制自由言论的范围,发表煽动种族仇恨的言论属于犯罪行为。对言论自由的限制必不可少,并且要遵循以下原则:

◎ 国家安全利益;

◎ 公共安全;

◎ 杜绝骚乱或犯罪;

◎ 保护健康或品行;

◎ 保护他人的权利和自由。

国家限制第11条中武装部队、警察和公务员的权利,以确保他们保持政治中立。

6.2.10　集会自由和结社自由

第 11 条专门针对成立和参加工会的权利,并重申,国家有权限制武装部队、警察和公务员享有第 12 条的权利,以确保他们保持政治中立。

6.2.11　婚姻权

第 12 条规定了依法结婚和组建家庭的权利。因此,国家可以进行一定的限制,规定结婚年龄,限制近亲结婚等。

6.2.12　禁止歧视性地执行《欧洲人权公约》中权利和自由的享有权

第 14 条并未明确保障基本人权,反对歧视,然而,政府不得以任何方式歧视个人,妨碍个人享有《欧洲人权公约》中规定的基本权利。具体的歧视因素包括:"性别、种族、肤色、语言、宗教、政治观点或其他观点、民族或社会出身,涉及民族少数人、财产、出生等。"然而,造成歧视的因素还不止这些,还包括"其他因素",如年龄、身体残疾和性取向等。

此外,《欧洲人权公约》附则中增加了以下权利:

◎ 和平地享有财产权和保护财产权(附则 1 第 1 条);

◎ 受教育权(英国有所保留)(附则 1 第 2 条);

◎ 自由选举权(附则 1 第 3 条);

◎ 死刑赦免权(附则 6 第 1 条和第 2 条)。

个人、非政府组织或是私人团体均享有上述权利。符合情况的注册公司，也就是法人，也享有上述权利。地方当局等政府机构不享有上述权利。

6.3　《人权法》的权利实质：废止、余地原则和废止适度

显而易见，上述权利的保障力度并不相同。有些权利属于不可剥夺的绝对权利，国家不得干涉。还有些权利则可视情况废止，也就是说，签署国在特定情形下可以无视这些权利。欧洲人权法院接受"余地原则"这一概念，即国家有权处理国内背景下凸显的特殊问题。第 2、3、4、7 和 14 条属于绝对权利。其他条款则有可能受到限制。《人权法》第 8、9、10、11 条中的权利受法律约束，"出于保卫国家安全和公共安全，防止犯罪行为，保障人民健康或弘扬美好品德，捍卫他人权利和保障他人自由的考虑，民主社会的法律约束必不可少"［第11(2)条］。

英国《1989 年预防恐怖主义法（暂行条例）》［the Prevention of Terrorism (Temporary Provisions) Act 1989］废止了《人权法》，允许长期关押那些未经指控的恐怖犯罪嫌疑人。该法案之后由《2000 年恐怖主义法》(the Terrorism Act 2000)替代，并进行了补充。而在1989 年布罗根诉英国案(Brogan v UK 1989)中，欧洲人权法院裁定，这些权利违反了《欧洲人权公约》第 5 条。英国《2001 年反恐、犯罪及

安全法》(Anti-terrorism，Crime and Security Act 2001)也废止了《人权法》，该法案因当年的纽约 9·11 世贸大厦爆炸案而产生，准许在未经法院审理的情况下，扣押涉嫌从事恐怖活动的外国公民[参见以下的贝尔马什案(the Belmarsh cases)]。

在判定废止是否合法的过程中，法院不仅要理由充分，确定废止的必要性，而且要确定废止程度恰好符合需求，不多不少。换言之，国家不可对潜在问题反应过激，只可达到预定目的，不可废止过多。关于进一步废止的可能性，《1998 年人权法》第 19 节规定，如果废止符合《欧洲人权公约》，那么负责议会议案审阅的部长，必须发表书面声明，而假如废止有可能与《欧洲人权公约》不符，部长也要发表声明，说明政府的废止意愿。

6.3.1 《人权法》体系

《人权法》对于英国法律体系的影响十分深远。然而，了解该法构成的前提条件，才能了解该法带来的变化，尤其是基本司法权的显著变化。根据议会主权原则，立法机关可以通过任何法案，甚至可以剥夺公民的权利。《1998 年人权法》是将《欧洲人权公约》赋予的权利并入英国法律的举措，但是考虑到民选议会和非民选的司法部门之间的敏感关系，目前的权宜之计仍是尽量减少议会和司法部门之间宪法关系的变化。

《人权法》第 2 节要求，未来法院必须慎重考虑那些依据《欧洲人权公约》所做出的裁决。这影响了英国法律体系原有的判例原则，一且英国先前的判例与《欧洲人权公约》的裁决相悖,就推翻英国判例,并即刻生效。

然而,在 2006 年普赖斯诉利兹市议会案(Price v Leeds City Council 2006)中,上议院认为,上议院的判决和欧洲人权法院的判决相悖,要求英国法院遵从上议院的裁决。

第 3 节规定,解释英国法律时,均应尽可能保障《欧洲人权公约》所赋予的权利。这赋予了法院更大、更新解释权。必要时,无须诉诸《欧洲人权公约》,便能否定先前对成文法所做的解释[参见 2002 年门多萨诉盖登案(Mendoza v Ghaidan 2002)]。

第 4 节规定,在英国基本法与《欧洲人权法》相悖时,法院有权发表分歧声明。法院不能废止与《欧洲人权法》相悖的基本法,包括议会法案和枢密院院法令,只能发表分歧声明,再由立法机关重新立法进行修订。第 10 节准许通过快捷程序来修订基本法,政府大臣有权使用成文法途径来修订基本法。

第 5 节规定,法院发表分歧声明,授权相关内阁大臣介入案件前,必须提前告知国王(女王)。

第 6 节规定,公共机构违背《欧洲人权公约》的行为均属违法行为,不过,如果个人或公司不履行公共职能,《人权法》不会直接强制其履行职责。私营企业是否履行了公共职能尚待确定;可明确认定以下企业是履行了公共职能的,例如,提供基础服务的私营设备公司,以及采取公共机构运营模式提供监狱设施的私营企业。然而,还有些企业就不太确定,例如,本地政府依法履行职责,安排私人护理中心为一位老人提供护理和食宿,护理中心的服务就不能视为在履行公共职能。上议院在 2007 年 YL 诉伯明翰市议会案(YL v Birmingham City Council 2007)中,以 3：2 做出了多数裁决,裁决保守得令人震惊,也令人沮丧,因为原本指望在是否履行公共职能方面,审核可以相对宽松。

第 6 节第(3)条间接介绍了可能对私人关系产生的水平影响。第 6 节第(3)条(a)款特别注明,法院、裁判庭均属政府机构,必须按照《欧洲人权公约》进行判决。因此,尽管《人权法》并没有为个人增加新的诉讼理由,却要求在诉讼中作为公共机构的法庭必须承认《欧洲人权公约》赋予个人的权利,并保障这些权利。2007 年申请人为阿尔-斯凯尼的女王诉国防部长案［R v (on the application of AL-Skeini) Secretary for Defence (2007)]涉及驻伊拉克武装部队的行为,上议院裁定,第 6 节适用于所有公共机构,隶属于英国司法管辖范围,在英国本土之外执行任务的公共机构也包括在内,司法管辖权取决于对涉案地区的控制情况。

根据第 6 节的规定,公共机构依照基本法采取行动时,假如基本法与《欧洲人权公约》相悖,公共机构无须承担法律责任。

第 7 节准许"非法行为受害人"起诉违法的公共机构。然而,这可解释为:准许受害人亲属提起诉讼。

第 8 节授权法院在公平合理的情况下,可以强令违法的政府机构采用救济或赔偿的方式补偿受害人。根据第 6 节,政府机构履行与《欧洲人权公约》内容相悖的基本法后,无须承担法律责任。

国内法与《欧洲人权公约》的条款相悖时,第 10 节规定由英国法院或欧洲人权法院采取快捷途径修改国内法,并授权相关部长(采取授权立法)修改或废除所有相悖的条款。

《人权法》第 19 节要求议会中负责通过议案的部长,提交书面声明,说明议案符合《欧洲人权公约》规定的权利。或是发表声明,表明尽管议案内容不符合《欧洲人权公约》,不过政府仍决意要通过议案。

《人权法》的颁布大受欢迎,但与此同时,一些批判观点不容忽视。首先,《欧洲人权公约》颇为陈旧,并未触及当今公民认为与《欧洲人权公约》权利同等重要的那些权利问题。例如,《欧洲人权公约》未提及福利和获取资源等实质性平等权利问题。此外,《欧洲人权公约》条款的应用范围也不确定,尤其是可废除的方面,而且有些条款还在一定程度上自相矛盾。最明显的矛盾条款是,需要在第 8 条尊重个人隐私和家庭生活的权利与第 10 条的言论自由权之间进行妥协。新闻编辑们已表达了对此问题的关注,他们担心,法院依法过度保护隐私会妨碍新闻调查。而且,还会出现更大的难题,随着权力的扩大,司法部门有可能政治化。

6.4 人权案件

6.4.1 限制非绝对权与罚罪相当

6.4.1.1 2001 年布朗诉斯科特案(Brown v Scott 2001)

本案的原告布朗因涉嫌在超市盗窃一瓶杜松子酒,被警方逮捕。

警察嗅到她浑身酒气,讯问她是如何到达超市的。布朗回答说开车来的,并在超市停车场指认了自己的汽车。之后,在警察局,警察根据《1988年道路交通法》(the Road Traffic Act 1988)第172节第(2)条(a)款,要求布朗回答下午2点30分左右,即汽车驶往超市的时间里谁在驾驶车辆。布朗承认是自己在驾驶。随后警方对她做了呼吸检测,结果呈阳性,布朗被指控酒驾。但她向苏格兰高等法院提起上诉,声称本案无法成立,理由是她本人根据第172节所做的供词,违背了《欧洲人权公约》第6条的公正审判权。

2000年2月,高等法院受理时支持布朗的上诉,其依据是:假如在法院诉讼前的犯罪调查期间,被告人没有依法享有缄默权,那么缄默权和审判回避权便毫无价值。相反,警察可要求被告人提交一份无罪声明,在随后的庭审过程中用做指控警察的证据。因此,根据第6条第(1)款,按照《1988年道路交通法》第172节所做的证词侵犯了布朗的权利。

其实早在英国实施《人权法》之前,继苏格兰案件之后,伯明翰刑事法院也于2000年7月做出了类似的判决。

这些判决的意义极其重大,不仅涉及酒后驾驶,也涉及对交通摄像头拍下的超速驾驶的处罚。胶片仅能辨认出肇事车辆,而《道路交通法》第172节明令要求,必须辨认驾驶人员。如果布朗诉斯科特案的判决依法成立,今后将很难管控超速驾驶和酒后驾驶。

然而,2000年12月5日,英国枢密院推翻了苏格兰上诉法院对布朗案的裁决。裁决理由是,《欧洲人权法》的法理学依据是先前判例,其中明确规定,刑事审判的整体公平性不容妥协,《欧洲人权法》第 6 条赋予的权利并非绝对权利,在特定限制条件下,这些权利都要受到限制。因此,只要各成员国经过慎重考虑,达成"明确的公众目标",并"符合实际情况",针对这些权利,可以规定一些限制条件。《欧洲人权公约》可解读为一部平衡集体权和个人权的法案。而《1988 年道路交通法》旨在预防违规驾驶造成的伤亡,而 172 节对这一宗旨的诠释并无不妥之处。

随后,在 2007 年奥哈罗伦诉英国案(O'Halloran v UK 2007)中,欧洲人权法院经过多数表决,最终批准通过了《1988 年道路交通法》第 172 节,要求车主坦白交代超速车辆的驾驶者。

2004 年谢德雷克诉公诉局长案(Sheldrake v Director of Public Prosecutions 2004)中,上议院的判决涉及《1988 年道路交通法》第 5 节第(2)条的酒驾内容。法院认为,第 5 节第(2)条并未要求起诉时就证明被告可能酒后驾车。相反,第 5 节第(2)条规定,如果被告经过权衡,能够证明酒驾不成立,就可以不负法律责任。上议院认为此条款的解释违反了无罪推定,且采用了反向证明责任,但鉴于对酒驾致命危害的预防,此条款既不绝对化,也不超乎常理,实属必要之举。

6.4.2 按照《人权法》第 3 节对成文法做的司法解释

6.4.2.1 2002 Re S 案

在 Re S 案中,上诉法院采用《人权法》第 3 节,制定《1989 年儿童法》(the Children Act 1989)的新执行标准,赋予法院更多权力,来保障受监护儿童的合法权利。法院解读法案的方式，为法院赋予了更大的自由裁量权，来发布临时性监护命令，而非最终监护命令，在儿童监护计划中确立"星级里程碑"，借此扩大了法院的权力，从而有利于改善儿童待遇。假如在一定时间内未确立星级里程碑，那么可提请法院发布新的命令。事实上，上诉法院正着手建立崭新的、更加积极的儿童监护权监督制度。

尽管上议院认可上诉法院的目标，却认为，依据《人权法》第3节，上诉法院已僭越了自身的解释权，并在司法建制方面篡取了英国议会的职能。

6.4.2.2　2002年门多萨诉盖登案

该案中，依据《1977年租赁法》第3节，上诉法院扩大了同性伴侣的法定租赁继承权。在1999年菲茨帕特里克诉斯特林房屋协会有限公司案（Fithpatrick v Stering Housing Association Ltd 1999）中，上议院将同性伴侣列入已故者的家属名单，准许他们继承部分租赁权。然而，《1977租赁法》未将同性伴侣视为已故者的丈夫或妻子，因此，上议院不允许他们继承法定租住权。在菲茨帕特里克的案件中，上议院遵循了《1977租赁法》，而在门多萨案件中，上诉法院却认为，《1977租赁法》歧视尚在人世的同性伴侣，违背了《欧洲人权公约》第14条。不过，法院裁定，对这一不足之处可进行补救，将《1977租赁法》中的"作为他或她的妻子或丈夫"解释为"犹如他或她的妻子或丈夫"。门多萨案件十分有趣，显示了初级法院如何利用《人权法》，摆脱上议院先前判例的约束力，并说明了第3节是如何扩大了司法部门的成文法解释权的。

尽管上议院的隐性权力日渐扩大,但仍然无法援引第 3 节来判决 2003 年贝格林诉贝格林案件(Bellinger v Bellinger 2003)。这一案件涉及变性人的权利,法院不能、最起码也不愿将从男性变为女性的变性人视为女性,并无法援引第 3 节来解释《1973 年婚约诉讼法》(the Matrimonial Causes Act 1973)的第 11 节(c)款。尽管如此,法院还是发表了一份分歧声明。

6.4.3 《人权法》第 4 节的分歧声明

如上所述,法院无权宣布基本法无效,但可以发表分歧声明,宣布存在问题的法律与《欧洲人权公约》中赋予的权利存在分歧。

6.4.3.1 女王诉(1)伦敦北区和东区心理健康审查裁判庭和(2)前卫生大臣

2001 年 3 月,上诉法院首次发布了本案分歧声明,宣布《1983 年英国心理健康法》(the Mental Health Act 1983)的第 72 和 73 节,与《欧洲人权公约》的第 5 节第(1)(4)条存在分歧,因为该案采取反向证明责任,要求被拘嫌疑人证明自身无罪,而不要求官方证明被拘嫌疑人有罪。

6.4.3.2 2004 年 A 诉内政部国务大臣(上议院)

2001 年 9 月 11 日世界贸易中心遭到恐怖袭击之后,英国议会出台了《2001 年反恐、犯罪和安全法》。该法准许不经指控,拘捕任何涉嫌恐怖活动的外籍公民,但出于对嫌疑人权利的考虑,不会将嫌疑人遗送回国。

依据第 21 节，遭到拘捕的外籍人士即使获准离开英国，根据《2001 年反恐、犯罪和安全法》，国际恐怖主义嫌疑人在无法安全遣返、离开英国的情况下，仍需继续扣留[第 23 节(1)条]。

显然，这一规定违反了《欧洲人权公约》第 5 条。鉴于 2001 年 9 月 11 日之后，恐怖主义可能威胁到英国人民的人身安全。根据《1998 年人权法》(2001 年授权废除令)，要求英国政府名正言顺地废除《欧洲人权公约》。

《反恐、犯罪和安全法》的拘留权最终提交上议院审核后，遭到了坚决否决，以及对英国政府及其反恐政策公开、严厉的谴责。鉴于上诉法院先前对国家政策所做的决策更有调节余地，上议院这一否决决策的力度令人震惊。当时共有 9 名上议院贵族法官听证，斯泰恩勋爵(Lord Steyn)弃权了，他之前就表示，此次废除没有任何正当理由。判决中仅有沃克勋爵(Lord Walker)对此持有异议，法官们最终以 8∶1 的多数判决，裁定《2001 年反恐、犯罪和安全法》违背了《欧洲人权公约》的条款。

虽然由于政府和议会的原因，上议院选择了遵从政府，政府有权决断公共突发事件，但是上议院仍然认为，政府对假想的威胁做出了不当反应，且违背了《欧洲人权公约》。

依据《欧洲人权公约》第 14 条，上议院认为，当时确定废除原则的初衷，并非此类针对国籍和移民的禁令。上议院还认为，仅凭国籍和移民身份，就认定并拘禁某个族群(而非另一个族群)的国际恐怖主义嫌疑人,属于违法行为,违背了《欧洲人权公约》第 14 条。对于《2001 年反恐、犯罪和安全法》存在的歧视性,上议院指出了矛盾的核心所在,如果可以在不侵犯人身自由的情况下,处理对国家安全构成潜在威胁、疑似为基地组织恐怖分子的英国公民,那为什么不能用同样的措施对待构成安全威胁的外国公民呢?

上议院认为《反恐、犯罪和安全法》的第 21 节和 23 节并不合理,没有理性地对待基地组织恐怖分子对英国造成的安全威胁。该法存在的大量缺陷证明了这一结论,分别列举如下:

◎ 该法并未处理英国本国公民构成的安全威胁。

◎ 假如外籍的基地组织恐怖分子嫌疑人可以前往某个国家,该法并不阻碍他们去英国之外的国家实施恐怖活动。

经过推理论证,上议院认定,《2001 年反恐、犯罪和安全法》第 23 节违背了《欧洲人权公约》第 5 条和 14 条,于是撤销了《2001 年废除令》,该法令属于二级法律,而非基本法。

人权主题贯穿于整个英国法律体系。每位公民都应该了解人权原则。在司法体系中,最民主的就是陪审团制度,我们将在下一章中具体探讨这一制度。

第七章

陪审团

―

7.1 前言

通常认为,"12 个品行善良、刚正不阿的人"组成的陪审团,构成了英国法律体系的核心部分。其中蕴含着一个未被言明的假设,12位随机抽选的法外人士以裁决人的身份参与审判过程,从而增强法律体系的合法性。将民主化的人性元素与抽象化的客观审讯结合起来,以此削弱专业法律人士的专权,或许有助于实现合法性这一目标,否则,专业法律人士很可能会操控案件的进展,操纵法律程序,无视广大法外人士的意见。

陪审团制度已基本获得认同,然而必须承认,在某些特殊情况下,陪审团制度往往陷于声名狼藉的境地。例如,1994 年 10 月,上诉法院下令重审一名被判双重谋杀罪的嫌疑人,原因在于:在一项所谓的"醉酒实验"中,4 位陪审员试图用灵应牌联系案件受害人[1995 年女王诉杨格一案(R v Young 1995)]。另一起谋杀案也是佐证,其中已定罪的被告不服判决结果,并提起上诉,认为陪审团没有恰当地履行职责。其中上诉理由之一就是:陪审员尚未对案件做出裁决,就在回酒店的途中,凑了 150 英镑去喝酒。据传闻,有些陪审员对案件的探讨有悖于法官的明确指令,第二天,因首席陪审员宿醉过度,无法履行自身职责,不得已将其换掉。而据称另一名女陪审员也和酒店的客人发生了性关系。

2000 年 12 月,一起轰动一时的案件曝光了,当时持续 10 周的审讯被迫中断。审讯期间,一名女陪审员与负责保护陪审团的男保安发生了所谓的"不正当关系"。陪审团其他人员发现,审讯休息期间,两人用手机互发短信,于是两人的关系才为众人所知。据估计,该审讯已耗费 15 万英镑,而且是第二次因陪审团成员行为不当而被迫中断。首次审讯被迫中断是因为有些陪审团成员在审讯期间玩牌。

另一个针对陪审团不当行为进行谴责的案件发生在斯托克城,其中法院门卫的儿子与另外 6 人在多起刑事案件审讯中担任陪审团成员。尽管应该褒扬坚持司法程序的公众精神,在选择陪审团成员困难重重之际,情况更是如此,但是,也许更应谴责可能出现与法庭工作人员有关的专业陪审团制度。可以肯定的是,上诉法院对此并不满意,因此当获悉斯托克城的详情之后,推翻了陪审团的判决。

7.2　陪审团的职责

普遍认为,陪审团的职能就是裁定事实,法律问题则属于法官的职责范围。或许这仅仅是一种理想状态,大多数情况下,陪审团都是依据法律和事实综合考量后做出裁决。陪审员会根据自己对法官释法的理解程度来裁定嫌疑人是否有罪。

每位陪审员都宣誓,"会如实地审判被告人,依据证据做出真实裁决",对于宣誓就职的陪审员而言,拒绝做出裁决就等于蔑视法庭。

如果证据不足以使被告获罪,法官有权指示陪审团宣判被告无罪,这种做法主要是防止陪审团在缺乏证据或证据不足的情况下宣判被告有罪。然而,目前仍没有相应的司法权指示陪审团判罪[1978年公诉局长诉斯通豪斯(DPP v Stonehouse 1978);2005 年女王诉王(R v Wang 2005)]。尽管如此,没有什么能阻止法官在结案陈词中采用一定方法,让陪审团明白,唯一合乎情理的裁决就是有罪,其他判决均属不当。

禁止法官公然向陪审团施压,迫使陪审团做出有罪裁决。一旦发现此类情况,将推翻判决结果。1960 年女王诉麦肯纳案(R v Mckenna 1960)就是一起典型案件,历时 2 小时 15 分钟的审议之后,法官告知陪审员,如果在接下来的 10 分钟之内,他们仍不能做出裁决,就会被监禁一夜。陪审团在压力之下做出了判决,这一点毫不奇怪。很不幸的是,判决被告有罪。对司法程序而言更加不幸的是,被告提出上诉,认为陪审团的判决显然受到了干扰,于是,判决结果被推翻了。

7.2.1 陪审员能做到公正裁决吗?

在刑事案件中,裁决的随意性甚至无法构成无罪上诉的理由。过去曾出现过法官不赞同陪审团的裁决结果,并对陪审团恶语相向的现象。尽管如此,整个陪审团或陪审员个人均无须证明、解释或说明他们的判决依据。的确,依据《1981年藐视法庭法》(the Contempt of Court Act 1981)第8条,无论是刑事案件还是民事案件,任何试图从陪审员身上获取案件相关信息的行为均属于藐视法庭行为。

种种原因使得陪审团做出的判决无法依法"证明正当性",因为他们无须证明其裁决的合理性。2008年9月,6名绿色和平气候变化组织的激进分子,在肯特区的一家燃煤电站里造成3万英镑的财产损失,而他们的刑事损害罪名最终却撤销了。这6名组织成员承认他们试图占领烟囱,关闭煤电站,并在烟囱上涂写首相"戈登"(Gordon)的名字。根据被告的辩词,陪审团判定他们无罪,因为陪审团认为,被告此举意在阻止气候变化给全世界造成更大的财产损失,可视为合理行为。为期8天的庭审结束之后,法官戴维·卡迪克(David Caddick)在结案陈词中总结道,此案的关键在于抗议者的行为是否具备合法解释,而陪审团认为他们的行为的确具备合法解释。

一个非政治性的案件当属斯蒂芬·欧文案(Stephen Owen)。史蒂芬·欧文朝一名杀害自己孩子的卡车司机开枪,而陪审团裁定他无罪。2000 年 9 月，卡莱尔(Carlisle)的陪审团裁定莱斯莉·吉布森(Lesley Gibson)私藏大麻罪不成立，因为她在法庭辩护说，自己需要大麻来缓解多发性硬化症带来的种种身体不适。按照支持陪审团制度的人们的说法，为了维护实质性正义，陪审团有时会忽略法律程序，而这正是他们支持陪审团制度的主要原因。

7.2.2　对陪审团的裁决提起的上诉

刑法规定，陪审团做出的无罪释放判决不得上诉，这是绝对原则。尽管无罪开释不得上诉，但被告无罪判决后，总检察长仍有可能将案件提交上诉法院，征询相关法律意见。《1972 年刑事司法法》第 36 条规定了提交程序，却并不常用。值得强调的是，虽然案件不可复审，无罪判决亦不可推翻，但这一程序指出了刑事法院庭审过程中的法律错误，上诉法院可以在未来进行纠正。

民事案件中，陪审团的裁定在上诉后有可能被推翻，但只有在原裁决不当时才可推翻，换而言之，引导得当的正常陪审团都不会做出不当裁定。

7.2.3　多数裁决

《1967 年刑事司法法》奠定了陪审团依据多数裁决判案的可能性。之前的要求是陪审团所有成员的裁定结果必须完全一致。后来，下列的裁定结果即可接受：

◎ 陪审员人数不少于 11 人，10 人同意裁决。

◎ 陪审团共有 10 位陪审员,9 位同意裁决结果。

《1974 年陪审团法》(the Juries Act 1974)第 17 条第 3 款规定,如果陪审团依据多数裁决原则达成有罪判决,首席陪审员必须在法庭上公开说明同意裁决和反对裁决的陪审员人数[1975 年女王诉巴里案(R v Barry 1975)]。

7.2.4 陪审员的解雇和陪审团的解散

假如出现任何不当行为,庭审法官可解散整个陪审团,包括陪审员在审讯过程中无意暴露被告犯有前科的情况,因为这对被告极为不利。在此种情况下,法官必须另行安排陪审团重审案件。若陪审员因病或"其他原因"(《1974 年陪审团法》第 16 条第 1 款)无法出庭,法官就可解雇陪审员。即便发生这种情况,陪审团的总人数也不得少于 9 人。

7.3 陪审团的遴选

理论上,担任陪审员是每位公民乐意履行的公共义务。然而实际上,这依然属于强制义务,任何不履行陪审义务的公民会被处以1000 英镑的罚款。

7.3.1 履行责任

任何年龄介于 18 周岁至 70 周岁之间,在选民登记中登记在册,并在英国生活至少 5 年的公民均有资格担任陪审员一职。

成立陪审团的程序分为三个步骤:

◎ 法院工作人员从选民登记册中随机抽取并召集符合资格的公民。

◎ 从这组备选人员里,法庭工作人员拟定审理各类案件的候补陪审员。

◎ 然后通过法庭公开投票的方式随机抽取正式陪审员。

因实际选拔过程中存在随机性,使用选民登记册注定了陪审员选拔方式会暴露出诸多问题:

◎ 选民登记册往往不太精确,通常会误报选区年轻人的人数,因为年轻人比年长的人更爱搬家。

◎ 选民登记册往往会漏报社区中少数族裔的总人数。

7.3.2　无被选资格、取消资格和免除资格

《2003 年刑事司法法》出台之前,担任陪审员的资格存在例外情况。

7.3.2.1　无被选资格

因为职业或行业的缘故,很多人没有资格担任陪审员。法官、治安法官、法律界人士、警察和缓刑监督官、神职和宗教团体人士均在此列。患有精神障碍的人员也不具备担任陪审员的资格。《2003年刑事司法法》附件 33 第 2 条取缔了司法人员和神职人员无担任资格的规定,于是,只有罹患精神障碍的人员不具备担任陪审员的

资格。

7.3.2.2　取消资格

为了捍卫陪审团制度不容置疑的廉洁性和公正性，规定有些人员不符合担任陪审员的条件。凡曾被判 5 年或 5 年以上监禁或青少年拘禁的犯人均在此列。另外，在刑事诉讼中获得保释的人员也不具备担任刑事法庭陪审员的资格。

7.3.2.3　免除资格

依据《2003 年刑事司法法》，任何人都必须履行担任陪审员的义务。然而实际上，公民受召担任陪审员后，只需表明"正当理由"，就可延迟履行该义务，或被免除该义务。

7.3.2.4　申请陪审员回避

如果传讯官任命陪审团成员的过程中出现不当操作，控方和辩方有权要求全体陪审员回避。这种情况极其罕见［参见 1982 年女王诉丹弗斯一案（R v Danvers 1982）］。

7.3.2.5　辩方申请陪审员回避

在《1988 年刑事司法法》出台之前，辩方可以通过两种方式请求陪审员回避：

◎ 无因回避请求

辩方可以请求任何一位陪审员回避，请求回避人数最多可达 3 位，而且辩方无须提供任何理由，无须证明其回避请求。

◎ 有因回避请求

辩方有权在提供理由后请求陪审员回避，人数不限，也就是说，辩方必须提出正当理由,说明指定陪审员不能出庭审理被告案件。

7.3.2.6 控方申请陪审员回避

虽然与辩方一样,控方具有提供正当理由后请求陪审员回避的权利,但控方还有额外选择,可在法院选定陪审团人选之前要求指定的陪审员旁听待命。要求陪审员待命是一种临时的回避方式,理论上讲,如果再没有合适的候选人,待命的候选人随后仍将担任陪审员。当然,现实生活中,法院绝不可能找不到控方不反对的候选人,控方也绝不可能选择待命的候补陪审员。

7.3.2.7 陪审团审核

陪审团审核指的是公诉部门对候选陪审员进行背景调查,核查他们是否适合裁定具体的案件。这显然有悖于随机选拔陪审团成员的设想,却正当合理,其依据是:有必要确定陪审团成员不会在敏感的审讯中泄露只有他们知道的秘密,防止政治观点偏激的陪审员在法庭上借机发表政治观点,从而可能影响案件的判决结果。

7.3.3 多种族组成的陪审团

1982 年女王诉丹弗斯案中,辩方要求陪审团全体回避,因为被告为黑人,不相信白人陪审团能够公正地做出裁决。陪审团的种族问题已多次困扰法庭。1989 年女王诉福特案(R v Ford 1989)中,辩方提出陪审团应由不同种族的公民组成,遭到了庭审法官的拒绝,上诉法院对庭审法官的决定表示支持,理由是陪审团的构成符合"随机选拔原则,体现了公正性",认定各种族平衡的陪审团不仅有悖于随机原则,而且暗示有些陪审员无法做到公正无私。1997 年女王诉塔兰特案(R v Tarrant 1997)也是如此,陪审团成员均选自法院的正常覆盖区之外,陪审团裁定被告涉毒罪成立。法官此举旨在将针对陪审团的恐吓行为最小化,尽管如此,上诉法院还是推翻了原判,原因是法官剥夺了被告要求随机选拔陪审团的权利。

2010 年 2 月,谢里尔·托马斯教授(Professor Cheryl Thomas)为司法部完成了一份实证研究报告,其中写道:

> 尽管研究结果已充分显示,针对黑人及少数族裔(BME)被告的公平裁决,无须由各种族混合组成的陪审团裁决,然而,公众对于白人陪审团的公正性仍存有疑虑。

(特别关注)

7.4 陪审团审判的衰落

近来进行了多种尝试,旨在减少英国法律体系中陪审团制度的运作。然而,要理解这些举措,必须要了解宏观的历史趋势:作为法院裁定诉讼案机制的陪审团制度正在衰落。

7.4.1 民事诉讼程序中的陪审团审判

民法中已大大减少了陪审团制度的使用,主动诉诸陪审团审判的案件也仅限于个别领域,而且这些领域中能否继续使用陪审团制度也面临威胁。目前,陪审团的审判权仅限于以下四个具体领域:

◎ 诈骗

◎ 诽谤

◎ 恶意指控

◎ 非法监禁

即使是在此类案件中,陪审团的权利也非绝对权利,一旦"文件和陈情的核查延期,或者科学调查或局部调查无法由陪审团自行完成",即可剥夺陪审团的权利。

诽谤案中的陪审团裁决权已成为众矢之的,1996 年成文法颁布了《诽谤法》(the Defamation Act),旨在简化诽谤案的审判程序,并赋予法官新的权力,在没有陪审团的情况下审理案件。

7.4.2 刑事审判中的陪审团

有一点应铭记于心,本质上,刑事陪审团审判产生于刑事法院,治安法院审理了至少 95％的刑事案件。实际上,陪审团裁定的刑事案件还不到 1％。由此可见,如果从绝对值和比例的角度考虑,陪审团在刑事案件裁决中并没有起到主导作用。如果从统计的角度考虑,陪审团审判也并不重要,然而不可否认的是,对于情节严重的案件,陪审团的裁决仍然非常重要。但正如下文所示,陪审团制度的作用也必须经过审查。

7.4.3 《2003 年刑事司法法》:影响陪审团审判的行为

"影响陪审团审判的行为"指的是(似乎会)危害陪审团独立审判的各种行为,包括对陪审员造成实际伤害或进行伤害威胁,还包括恐吓、贿赂陪审员的行为。此外,对陪审员的家人或朋友采取上述不当行为亦在此列。《2003 年刑事司法法》第 44 和 46 节规定,一旦有可能出现影响陪审团审判的行为,刑事法庭可接受公诉进行审判,无须陪审团参与;一旦陪审团因出现影响陪审团审判的行为而解散,刑事法庭可在无陪审团参与的情况下继续审判。在审理涉嫌重大抢劫案的彼得·布莱克及其同伙时,因为怀疑陪审团已受到干扰,因此采取了无陪审团参与的审判形式(2010 年 2 月 19 日《时代周刊》)。

7.4.4 《2003 年刑事司法法》:复杂诈骗案的审判

负责 1986 年诈骗案审判的罗斯基尔委员会(the Roskill Committee)建议废除复杂诈骗案中的陪审团制度,自那之后,这项提议被提上了政治议程。然而,《2003 年刑事司法法》出台的措施比先前提议的措施都要严苛,其中第 43 款规定,重大、复杂诈骗案中,控方可向刑事法庭起诉申请进行无陪审团参与的审判。由于需要下上两院都明确表示赞成后才能生效,于是这一条款至今仍未生效。

7.5 陪审团行为的调查

朗西曼刑事司法委员会(the Runciman Commission on Criminal Justice)最早提议,废除《1981 年藐视法庭法》第 8 条,从而能够调查陪审团的裁决依据。第 8 条规定,陪审团成员在案件审议过程中,获取、泄露或诱发案件陈情、观点、证据或投票等细节的行为均属违法行为。

1994 年总检察长诉《联合报业》案（Attorney-General v Associated Newspapers 1994)中,上议院认为,假如报社不只是重述已知事实,而是陪审员裁决案件审理期间泄露的陪审团议事厅秘密,那么报社就犯有藐视法庭罪。第 8 条第(1)款规定,"泄密"罪不仅适用于陪审员,也适用于其他泄漏陪审员所泄秘密的人。

参照《欧洲人权公约》第 6 条,2004 年女王诉米尔扎案(R v Mirza 2004)仔细考虑了是否应继续维护《1981 年藐视法庭法》第 8 条。在此案中,陪审团以 10∶2 的多数裁决,判处上诉人米尔扎犯有 6 项强暴猥亵罪。他于 1998 年从巴基斯坦来到英国,在审讯期间雇用了一名翻译。审判期间,陪审团写便条向翻译询问,米尔扎这种身份背景的人是否仍需要翻译(他已在英国生活了很久)。翻译解释说,对于英语不甚流利的人而言,在复杂、重大的案件中雇用翻译实属正常。于是,法官在总结陈词中指示陪审团,不要因米尔扎雇用翻译就对他产生负面评判。

案件结束 6 天后,辩方律师收到了一位陪审员的来信。信中称,自审讯一开始,部分陪审员就认为,被告在庭审期间使用翻译是一个狡猾的策略。早在陪审团审议案件期间,被告是否能使用翻译就引起了陪审团的争议,写信人还说,当她试图提出反对意见,提醒陪审团注意法官的指示时,有人大声地让她"噤声"。陪审员们都拒绝接受法官的指示,部分陪审员认为,辩护律师在最后陈词中提醒大家撇开种族偏见,这种劝诫实为"打种族牌"。写信人认为,陪审团中部分执拗褊狭的陪审员固执己见地认定米尔扎有罪,原因是他在法庭上雇用了翻译,而在警察问询时却谢绝使用翻译,因此判决结果实为这些人的裁定。

案件提交到上议院后,上议院以 4：1 的多数票支持法院继续实行《1981 年藐视法庭法》第 8 条的规定,即禁止调查陪审团议事厅内的细节。

7.6　使用互联网和其他电子通讯手段

陪审员可能会受到报纸和其他媒体等外界信息的干扰,而非仅仅依赖于法庭呈送的证据。而且,信息技术的发展不仅加剧了这个问题,还给陪审团带来了特殊的麻烦。在 2005 年女王诉阿迪·卡拉卡亚案(R v Adem Karakaya 2005)中,上诉法院认为,一名陪审员从网上下载资料带入陪审团议事厅的行为违背了陪审员基本规则,即：不得借助自行获取的信息,也不得在休庭后接收额外信息。

在随后 2008 年女王诉萨科拉案(R v Thakrar)中,一位陪审员向其他陪审员提供了他从互联网上获取的信息。不幸的是,信息有误。在长达 6 周的审讯中,当案件进入上诉人主询时,陪审团递给法官一个便条,透漏有陪审员从网上获取信息。法官义正言辞地指示陪审团不用理会网络信息,之后,陪审团判定被告有罪。然而,案件上诉后,上诉法院认为有必要重审,原因是当时很可能其中一名或多名陪审员并没有遵从法官的指示。

2010 年的一项重要议题,就是陪审员热衷于使用互联网和手机等通讯手段搜索案件资料,尤其是被告的资料。2010 年 2 月,在一份有关陪审团公正性的报告中,谢里尔·托马斯指出,在备受瞩目的案件中,几乎 3/4 的陪审员都对该案的媒体报道了然于心。但是,报告中格外强调了陪审员使用互联网的问题。这份研究表明:

◎ 审讯期间,搜寻信息的陪审员均会浏览互联网。

◎ 多数陪审员声称自己只是在互联网上浏览了信息,而非专门去搜集信息。

◎ 在备受瞩目的案件中,26% 的陪审员声称只是在互联网上浏览信息内容,而只有 12% 的陪审员承认使用互联网搜索信息;而在普普通通案件中,则有 13% 的陪审员声称使用互联网浏览信息内容,只有 5% 的陪审员承认使用互联网搜索信息。

正如托马斯所说,如果陪审员承认使用互联网搜索信息,相当于承认做了法官禁止的事情,这或许可以解释,为什么多数陪审员声称"仅仅浏览"网上报道,而非"搜索"案件信息。

尽管这些调查结果非常有趣且十分重要,但并没有像随后发生的干预事件那样引起相当程度的关注。

2010 年 10 月,前任公诉局长、现任法官肯·麦克唐纳在一场公开辩论中表达了自己的观点:

> 这个问题至关重要,我们一直备受困扰,多年来,在刑事司法方面,我们试图阻止陪审员在审理案件期间使用互联网查询案件相关信息,阻止他们接触不该接触的资料……实际上我们正在放弃,并不得不寄希望于陪审团,希望他们能够公正公平地

审理案件,而这正是他们的义务。我认为这是涉及隐私的重大问题,在我看来,监管互联网确实是一件非常棘手的工作。我认为不该"允许"陪审团开展在线调查,但是我们不得不假定,在线调查仍时不时地发生着,但是我们绝不能让它干扰审讯工作的进展。我们不得不寄希望于陪审团,期望他们遵循法官指示,并依据证据审理案件。否则,陪审团审判将不复存在。

上议院议员肯·麦克唐纳的此番评论促使首席大法官于 2010 年 11 月 16 日在给北爱尔兰司法研究董事会所做的题为"陪审团审判"的演讲中,表达了自己的观点。

在他的演讲中,首席大法官贾奇明确表达了自己的观点:

此时此刻,我们的所作所为似乎是认定陪审员使用互联网获取信息的情况仍属罕见。因此,很容易将其视为暂时的不正常现象,从而彻底忽略这个问题。我想知道一两年后我们的看法是否依然如此。托马斯教授建议我们应即刻思考这个问题。对此我深表敬意,极其赞同。

我想补充的是,我坚决反对英格兰及威尔士公诉局长、现任法官麦克唐纳的观点,他认为法官"不应阻止陪审员使用谷歌、脸谱以及推特等社交媒介,获取被告信息,哪怕这些信息很可能有误或者带有偏见"。据报道,麦克唐纳建议,在案件审理期间,即使陪审员使用互联网查询相关信息,审理结果仍旧有效。

贾奇法官不仅赞同托马斯教授的观点,承认问题的存在,而且同意所提出的解决方法。托马斯教授在报告中建议：

> 要从根本上解决陪审团不当行为或陪审员违反规定使用互
> 联网行为的问题，司法部和法院事务管理服务局应当制定书面
> 指南，明确规范陪审员的行为，并将指南分发给所有宣誓就职的
> 陪审员。

首席大法官贾奇说：

> 我必须直言不讳，在我看来，如果陪审团制度作为公正的审
> 讯制度要继续存在下去，并得到公众的绝对信任、全力支持，就
> 必须制止陪审员滥用互联网的行为。并且应当使每位陪审员清
> 楚地意识到这一点。在开始审讯之前，陪审员观看的视频中要
> 体现这一点。审讯一开始，法官就必须时时刻刻清楚明白地提
> 示陪审员注意这一点。我认为，要在陪审团议事厅中贴上告示，
> 凡在议事厅外讨论厅内陪审员的争论均构成藐视法庭罪，以各
> 种方式参阅互联网信息行为也属于藐视法庭。

7.7 结论

那些主张废除或大力削减刑事审判体制中陪审团权责的人们屡
屡暗示，陪审团制度趋于浪漫化，并且缺乏现实基础。实际上，朗西
曼并没有明确地说明这一点，但是在针对陪审团制度的评估报告中，
他委婉地表达了自己的观点，认为陪审团制度不利于治安法院。而

其他人的态度则更加清晰明朗，罗斯基尔委员会（Roskill Committee）认为："社会似乎对陪审团审判产生了某种依恋，而陪审团审判又多愁善感，感情用事，缺乏逻辑"（第8.21节）。

福克斯委员会（Faulks Committee）早先就认同此观点，但在报告中也认可了公众舆论的重要性，并极其谨慎地未将陪审团制度贬低到无足轻重："大多数人支持陪审团是出于情感因素，在严重的刑事案件中，陪审团处于政府与公民之间，具有毋庸置疑的价值，这也是获得支持的一个原因。"（第496段）。

陪审团制度获得了公众的大力支持。2004年1月公布的一份调查对361位陪审员进行了访谈，结果显示，多数访谈对象认为，陪审团制度确保了审讯程序的公平公正，是审讯程序的关键组成部分，陪审团成员的多样化是避免偏见、做出公正裁决的最佳途径。调查的主要结论如下：

◎ 多数受访者在担任陪审员之后，会对陪审团制度抱有更加积极的态度。此外，尽管可能会经历种种困难，但实际上，所有受访的陪审员都将陪审制视为刑事司法系统的重要组成部分。

◎ 陪审制的信心涉及程序、公正、尊重被告权利及陪审团成员从各个角度考量证据的能力。陪审团代表着各种观点，这是陪审员对刑事法庭审判有信心的关键因素。

◎ 法庭工作人员的专业精神和有益作用给陪审员们留下了深刻印象。陪审员格外赞扬了法官的庭审表现、敬业精神及判案能力。

◎ 尽管陪审员们认为，有时候证据应当表述得更加清晰，术语仍然是陪审员们理解审判程序的主要障碍。

◎ 超过半数的受访者表示,他们非常乐意再次履行陪审员义务,19％的调查对象表示,他们"不介意"再次履行陪审员义务。他们认为,担任陪审员最大的益处,就是可以更好地了解刑事法庭的审判过程,体验了履行公民义务的重要价值,并且从中获得了自我满足感。

不应低估陪审制在意识形态方面的影响力。陪审制使得普通人能够参与到法律体系中,并以这种方式赋予了整个法律体系合法性,最起码第二点还存在争议。一些自由主义者认为,北爱尔兰无陪审团的迪普洛克法庭(Diplock Courts)给该地区的整个司法体系抹了黑。从专业角度讲,迪普洛克法庭已于 2007 年撤销无陪审团制,但假如陪审员遭到恐吓的威胁,仍会采用无陪审团审判的形式。在 2008 年 8 月 1 日到 2009 年 7 月 31 日期间,共有 13 场无陪审团的审判,与上一年度 29 场相比,已经大大减少了。

正如戴维林勋爵(Lord Devlin)在《陪审团审判》(*Trial by Jury* 1966)中所言:

> 白厅中每位统治者的首要目标,就是使英国议会绝对臣服于他的意志;然后再推翻或者减少陪审团审判,因为没有哪位君主会允许英国子民的自由掌握在 12 位本国同胞的手中。

本章讨论了陪审团的职责,下章将会讨论刑法,即陪审团花费大量时间去理解的法律。

第八章

刑法

—

8.1 什么是刑法?

刑法禁止犯罪,但什么是犯罪呢?从某种意义上讲,要确切定义"犯罪"概念是不可能的,因为犯罪的实质随着历史的变迁而变化。

放贷取息曾被视为放高利贷,肇事者会受到惩罚;而现在,成功放贷的银行家和金融家不但不会受到惩罚,还会获得贵族爵位。在过去,可卡因是一种合法的麻醉剂,用于娱乐目的和牙痛治疗;然而现在,可卡因却是违法药剂。正如学者格兰维尔·威廉斯(Glanville Williams)所说:"犯罪行为(或违法行为)是一种违法行为,将会面临刑事诉讼和刑事处罚。"换言之,犯罪行为就是国家认定的违法行为。阿特金勋爵(Lord Atkin)也表达过类似的阐释。他认为,只有考虑到

以下几个方面,才能够确定刑法的范围:

在某特定时期,对于国家认定的犯罪行为,它们唯一的共性
就是,它们都是国家禁止的,而实施它们的人都会受到惩罚。

避免重复界定"犯罪"概念的一个方法,就是参考犯罪行为的严
重程度。因此,格兰维尔·威廉斯最终得出结论:"犯罪行为是一种
应当受到严厉谴责、并促使权力机构(立法机构或法官)在普通法院
宣告应受处罚的行为。"

社会、宗教、道德和技术方面的各种因素,均会影响到犯罪行为
的界定。如今,出于种种原因,过去一些不被视为犯罪的行为,例如
向儿童出售胶水、计算机犯罪和内幕交易等均被视为违法行为。

英国法律大概界定了 11000 种刑事犯罪行为,范围从最轻的违
反交通规则(比如,驾驶一辆后刹车灯失灵的车)到种族灭绝[《1969
年种族灭绝法》(the Genocide Act 1969)将种族灭绝判定为犯罪行
为)]。这些刑事犯罪行为的共性是,无论发生在何时,出于何种原
因,均被认为犯罪情节极其严重,足可量刑获罪。

虽然现在可以在《议会法》中(通常称之为成文法)查阅刑法的大
部分内容,不过,谋杀罪、非预谋杀人罪等犯罪行为,以及无意识行
为、醉酒状态和胁迫等辩护理由,大都取决于法院的裁决,而且立法
中也没有相关规定。虽然早在 19 世纪就有人提议,将法律全都编纂
在一部法典里(法典化),但目前尚没有一部涵盖全部刑法的法典。
法律委员会作为政府的法律修订机构,自 1989 年起就不断尝试编纂

法典,并一直提交相关提案,但这些提案至今仍没有通过。

8.2　谁会被提起公诉?

并非每个人都会因犯罪行为而被提起公诉。对于是否对嫌疑人提起公诉,权力机关拥有自由裁量权。每天都有成千上万的人提心吊胆,等待着那个足以改变命运的裁定,即自己是否会被提起公诉。

2007年2月,20岁的华纳·塞古拉(Warner Segura)是哥斯达黎加利蒙市犯罪团伙的一员,他伙同其他人劫持了一个美国老年旅游团,并试图实施抢劫。塞古拉手持一支枪、一把刀,恶毒地威胁这群老年游客。老人们被吓得目瞪口呆。旅游团中有一位曾学过武术、服役于海军陆战队的70岁老人,将塞古拉的脖子夹于腋下,徒手扭断了塞古拉的脖子并致其死亡。哥斯达黎加司法调查局的发言人弗朗西斯科·鲁伊斯(Francisco Ruiz)发表声明指出:"在这起案件中,我们不会对老人提起上诉,这个行为纯属自我防卫,挽救了众多游客的性命。"

是否有必要出于自我防卫杀死塞古拉呢?对此可以展开讨论。但是这位英雄因杀人罪受审并获罪的可能性不大。

根据英国法律,在犯罪行为明显的情况下,警察拥有极大的自由裁量权,采取相应的措施。他们可以选择视而不见,也可以选择警告或起诉嫌疑人。1951年,总检察长肖克罗斯勋爵(Lord Showcross)指出:"凡涉嫌犯罪的行为都自动遭到起诉,英国从未有过这个规定,希望将来也不会有。"

实施检察官自由裁量权引起了诸多争议。例如,1995年,贫穷的父亲加里·刘易斯(Gary Lewis)仅因偷窃6块煤炭给新生儿取暖而遭到起诉,而审判费用却高达750英镑。2007年,法官约翰·道斯(John Dowse)终止了一场已耗费纳税人6万英镑的审判,而法院最初本就不应该受理此案。一位油炸食品店的店主,认为自己在履行公民义务,逮捕了一名12岁的少年,原因是这名少年向顾客吐唾沫,并敲碎了一扇窗户。在等待警方到来的过程中,这名店主扣押了这名少年(6分钟),店主因此被起诉绑架少年。法官认为,起诉此类行为不符合公共利益。如果运用自由裁量权起诉不当,就会遭到大众的唾弃。

皇家检察署(The Crown Prosecution Service)根据《检察官守则》(the Code for the Crown Prosecutors)的规定,决定是否对警察局移交的案件提起公诉,案件公诉需要经过两次审查。

第一,公诉案件必须具备"实际获罪可能性"(证据审查)。检察官们必须预测治安法官们或陪审团的判决结果。如果获罪的可能性大于赦免的可能性,就可继续案件公诉程序。检察官们决策之前,必须判断法庭是否会采信案件卷宗中的证据(不能采信道听途说的谣传),可以采信的证据是否可靠等。决定是否要提起公诉的证据审查,不同于已确定并在提起公诉之时法院采用的证据审查。在法庭上,治安法官们或陪审团"确定"被告的确有罪时,才会做出裁决。

第二,对于所有证据充足、证明确有"实际获罪可能性"的案件,公共利益审查必不可少。《检察官守则》规定，"除非反对公诉的公共利益要素远远超出支持公诉的公共利益要素"，否则任何情节严重的案件通常都会被提起公诉。检察官必须谨慎而公正地权衡两方面的要素。

《检察官守则》列举了 17 种"支持公诉的公共利益要素"。包括：

◎ 针对警察或护士等国家公务人员的犯罪行为。

◎ 尽管情节并不严重，却在事发区域造成深远影响的犯罪行为。

◎ 有证据证明确系团伙犯罪行为。

《检察官守则》列举了 9 种反对公诉的公共利益要素，包括：

◎ 法庭可能仅判以轻微处罚或名义上的处罚的犯罪行为。

◎ 确系重大误解或误解造成的犯罪行为（参照犯罪行为的严重程度）。

◎ 造成轻微损失或伤害的犯罪行为，或是由单一事件，特别是判断失误引起的犯罪行为。

《检察官守则》规定，诉讼裁量"并非简单地将赞同要素或反对要素分别相加"。如同法律的其他方面一般，诉讼裁量需要整体评价，而非将争论双方的要素简单地叠加起来。大法官凯尼恩（Kenyon）于 1800 年指出："法庭之所以值得称颂，正是因为法庭审判是进行权衡而非计量，应当仔细权衡这些要素，而非简单地将其叠加起来。"

8.3　犯罪的分类

划分犯罪行为的方式多种多样,其中较通用的有以下几种:

◎ 根据判决依据分类:依据法官制定的普通法判决的犯罪行为与依据议会制定的成文法判决的犯罪行为。

◎ 根据审理方法分类:可分为简易罪(由治安法官审理)和公诉罪(由陪审团审理)。因犯罪严重程度而异,既可判为简易罪,亦可为公诉罪(例如,盗窃罪中只偷了一个轮子还是窃取了超市的整批购物车?)。

◎ 根据拘捕权分类:分为可拘捕罪和不可拘捕罪。在无逮捕证的情况下,警察是否有权逮捕此类犯罪分子?

◎ 根据是"事实犯罪"还是仅仅为"规制犯罪"来分类:对于确定是否应强加"严格责任",这种划分意义重大。判决"严格责任"并不因是否具备犯罪心理而异,此类罪行包括超速驾驶、向未成年人售酒等。

8.4　刑事责任的构成要素

刑事责任包括三个主要组成部分:

◎ 犯罪行为

◎ 犯罪心理

◎ 无辩护理由

拉丁短语 actus non facit reum nisi mens sit rea 所表达的意思是：没有犯罪意图就没有犯罪行为。思维意识或相当于犯罪心理的犯罪意图是所有犯罪行为的必要组成部分。为了判断被告是否有罪，可将这个拉丁短语分解为两个要素：犯罪行为是犯罪的行为要素，犯罪意图是犯罪的心理因素。

1. 犯罪行为——D（指被告人，被起诉方）实施的犯罪行为，存在法律上的附带"情节"。对许多犯罪行为而言，还必须"造成"犯罪"后果"。附带情节和犯罪结果都属于犯罪行为的外在要素，在传统术语中，外在要素构成了犯罪行为。比如，D（被告人）用肘部撞击 V（受害者）的面部。假如受害者是一名执勤的警员，这就属于袭击执勤警员的犯罪行为。行为就是用肘部撞击面部，后果就是受害者的面部遭到了击打，附带情节就是受害者并非普通人（用肘部撞击普通人的面部属于普通人身侵犯行为），而是正在履行职责的警员。

2. 犯罪意图——指的是与行为、情节和后果（即上文确定的犯罪行为外在要素）相关的应受谴责的心理状态。传统意义上，这种心理状态指的是犯罪意图，包括犯罪故意和（意识到风险后的）轻率，以及极少数情况下（未曾意识到风险）的轻率。上文所举例子中，如果被告试图用肘部撞击受害者的面部，那么他的行为属于故意伤害。如果被告意识到了他的肘部可能会撞击到受害者的面部（例如，被告背朝受害者，他朝受害者的方向摆臂提醒受害者躲避），那么他的行为属于轻率行为。

3. 无辩护理由，无论是笼统还是具体，整体还是部分，任何辩护都是帮助被告逃脱法律责任的理由。在先前讨论的例子中，假如受害者没有穿制服，被告认为受害者只是想要袭击他的普通人。他有权使用恰当的武力进行自我防卫。因此，被告有可能逃脱用肘部撞击他人面部的法律责任，本书将在这一章的后半部分详述重大误解和自我防卫。

8.4.1　犯罪行为

犯罪行为不仅仅指被告实施的行为。刑事责任并不总是需要证据证明被告确实采取了行动。在有些情形中，不作为行为就足以定罪。这就是为什么在讨论犯罪行为时要使用广义的"作为"概念。例如，被告可以采取殴打、枪杀以及戳刺等行为致受害者死亡，他也可以拒绝向无助的受害者提供食物，从而导致受害者死亡，后一种行为就是不作为。

通常，犯罪行为必须具备"有意识性"，也就是说，在某种程度上，犯罪行为至少是由清醒头脑所支配的行为。因此，"有意识性"是犯罪行为的另一个要素。如果被告稍感身体不适，笨手笨脚地打碎了商店中出售的花瓶，他的行为很可能被界定为有意识行为，因为他仍能在意识上支配自己的动作。相反，如果在打碎花瓶之前，他的头部受到击打，那么他的行为可能就不属于有意识行为，因为他的头部遭到了重创。

除了犯罪概念中的行为（conduct）和后果，犯罪行为还包括其他要素。这些要素统称"情节"。如上文所述,在袭击执勤巡警的犯罪行为中,受害者必须具备两个特征:第一,受害人必须是警员,第二,受害人必须正在履行自己的职责。根据"犯罪"定义的要求,这两点正是需要证明的"情节"。

许多犯罪行为必须包括被告的犯罪行为(conduct)所"导致的"后果。如果被告用脚踢受害者,受害者的身体遭到踢打后,受伤严重,那么被告的行为就构成了严重伤害他人身体的犯罪行为。如果被告没有踢到受害者,或者仅接触到了受害者的身体,造成了轻微的伤害,被告的行为就不属于严重伤害他人身体的犯罪行为(虽然可能确有犯罪企图)。

或许犯罪行为的综合定义就是,除犯罪意图之外的所有犯罪行为要素。

8.5 不作为行为等同于犯罪行为吗?

刑事责任通常需要证明行为人实施了某种行为。想到谋杀、故意伤害以及盗窃等犯罪行为时,就会自然联想到枪击、捅刺、殴打、偷偷从受害者的口袋里窃取钱包,或者偷盗商店物品等等。大多数人的成长过程中,都接受着这样的观念,无论内心多么渴望,有些事情绝对不能做。并且自小就明白什么是禁止和惩罚,熟悉刑法及刑事司法的大体构成,因此,很容易理解违禁行为的刑事责任。

不过,不作为犯罪(也就是不作为)的实际情况却很难想象。例如,被告怎么可能什么都没有做就杀了受害者呢? 如果受害者被肇事逃逸司机撞倒,失血过多而死,而被告并没有上前帮忙,这种不作为行为怎么会造成受害者的死亡呢? 要想说服自己被告对受害者的死亡负有责任,我们就必须使自己相信被告本可以出手相救。但是,尽管我们觉得自己从道义上可以帮助他人,但是还不习惯出于法律责任去帮助他人。总之,被告究竟需要做些什么,其他意识到受害者受伤的过路人也有同样的法律责任吗? 如果路人都没有对受害者提供援助,难道他们全部都要面临指控吗? 若如此,那么刑事司法制度就会崩溃。若非如此,选择性公诉又会让刑事司法制度名誉扫地。

然而,我们可以很容易地判断出在何种情形下,他人的不作为行为会造成伤害性的后果。例如,父母应当关注子女的健康和安全。2008 年,在威尔士治安法院,一位妇女因故意疏忽她的子女而获罪。她抛下 14 岁的女儿,偷偷地和她的小男友在希腊游玩了 6 周。这位母亲将她的女儿遗弃在没有热水的房子里,只留下了 100 英镑和一些冷冻食品。而且这位母亲还知道女儿陷入了一段性关系,但她对此毫不关心。

那么在父母看护子女的问题上,法律是否制定了明确的规定呢? 很明显,这方面并没有一部完整的监护法典,法律仅仅禁止"故意疏忽"等诸如此类的行为。这里的"故意"一词指,家长意识到他们的疏忽会威胁到孩子的健康,抑或是,虽然并没有意识到疏忽会威胁到孩子的健康,但家长漠然置之,对潜在威胁毫不在乎。

根据《1933 年儿童与未成年人法》(the Children and Young Persons Act 1933)，如果 16 岁或 16 岁以上的人(通常是成年父母)，故意疏忽他们监护的未满 16 岁的未成年人，法院就可以对他们提起公诉。如果父母故意殴打、虐待、疏忽或遗弃子女，导致子女遭受不必要的痛楚或健康损害，那么父母的行为就构成了犯罪行为。"健康损害"包括身体上的伤害、痛楚以及"精神错乱"。此类犯罪行为最高可判处 10 年监禁。

《1933 年儿童与未成年人法》根据判例法来确定关键词。法案中"遗弃"一词指"让孩子自生自灭"。在 1957 年的案件中，因将 5 个孩子(年龄都在 1 到 9 岁之间)遗弃在伦敦郊外费尔特姆的家中，并疏于照管他们，爱德华·博尔登(Edward Boulden)被判有罪。他与妻子吵架后，妻子离开住所，前往格拉斯哥。在此之后，博尔登先生也离开了住所，并向国家防止虐待儿童协会拨打了电话，告知他的 5 个孩子正独自在家。爱德华·博尔登将孩子们丢在一个没有亮灯的房子里，并前往格拉斯哥追寻妻子，而房子里只剩下一点食物(2 条面包、2 品脱牛奶和 1 个鸡蛋)。最终爱德华·博尔登被判处 6 个月的监禁。

无论他人的介入已排除了孩子遭受痛楚的可能性(在博尔登的案件中，父亲离开寓所的当天，警察就赶到了那里)，还是受害的孩子已实际死亡，父母都会受到法律的惩罚。

根据法律规定，如果未向子女提供充足的食物、衣物、医疗及住宿，并因此损害了子女的健康，父母就会被视为疏忽子女。被起诉的父母不能将"行政机关能介入帮忙，痛楚就不会发生"这样的假设作为辩护理由。1896年的一起案件中，一名男子每周的收入为1英镑，除了每周给妻子交付3先令左右（15便士），用做4个孩子的抚养费用，剩余的钱都用来买酒喝。他的妻子无法给孩子们提供充足的食物和衣物，孩子们的健康也因此受到损害。该男子声称，假使孩子们的母亲根据济贫法寻求帮助，这种伤害就不会发生。法院拒绝接受这一辩护理由。

法律并没有规定未满16周岁、能够独自在家的孩子的具体年龄。这个年龄限定必须灵活机动，原因在于：有些孩子到了12岁就已经成熟，而有些孩子到了15岁还不够成熟。类似的案件判决应当因案情而异。

不仅父母有义务采取行动帮助自己的孩子，有时候，担任其他职责的人也有义务采取行动保护他人。例如，游泳池管理员有义务采取行动，保证游泳者的安全。

肇事逃逸的目击者（上文所述）与家长或泳池管理员之间的差别显而易见。然而，肇事逃逸的目击者与其他的目击者之间，并没有明显的差别。为什么肇事逃逸的目击者负有法律义务提供帮助呢？为了让目击者承担责任（尽管有些国家的确承认目击者的义务），法律必须更加深入、详细地规定具体义务。然而，要使父母或泳池管理员承担法律责任，就要确定父（母）子关系或泳池管理员和游泳者关系中固有的法律义务，而且这种关系（或多或少）是承担义务方自愿建立的。不过这并不是说其他任何人都负有义务。

8.6　一般辩护理由

不同于仅限谋杀罪的责任降等（diminished responsibility），一般辩护适用于所有罪行，或最起码是大多数罪行。通常而言，如果一般辩护成立，被告就无须承担法律责任。辩护的理由不尽相同。例如，无意识行为成为否定犯罪行为的理由（被告的行为必须是无意识的）。然而另一方面，醉态通常可用于否定犯罪意图。精神失常可以否定犯罪行为，也可以否定犯罪意图，或者同时否定二者（尽管最近的案件表明，精神失常仅能否定犯罪意图，且不可用于严格责任犯罪），除此之外，由于未认识到自身行为是"错误的"，精神失常也可作为宽宥事由。而在自我防卫中，被告承认犯罪行为和犯罪意图，但其所作所为具备正当理由。

有些评论员认为，这些司法辩护否定了犯罪行为的"非法性"（有些罪行的定义中明确包含"非法"一词，但有人或许认为，所有的犯罪都暗含这一点）。同样，在受到他人胁迫或环境威胁的情况下（一些人声称迫于他人或环境胁迫而犯罪），被告承认犯罪行为和犯罪意图，但认为自己的所作所为属于正当行为，或无论如何是可宽宥的，因为他人或环境向他施加了压力。

这些辩护的举证责任通常由公诉方承担，也就是说，一旦出现辩护，公诉方必须证明其不成立。即便如此，在公诉方否决之前，被告必须提供可靠的证据来支持自己的辩护。举证原则的一个例外情况是精神失常辩护。被告负有举证责任,证明在实施犯罪行为时,自己的精神状态不正常。考虑到醉态与某些犯罪行为之间的紧密联系,接下来将只讨论醉态问题。

8.7 醉态

醉态辩护给刑法增加了特殊的困难。一方面,人们公认大多数犯罪行为,特别是涉及个人暴行、人身攻击和财产侵害等无意识行为,都与摄入酒精和药物有关。有证据表明,醉态也可能是偷窃、抢劫、入室盗窃案件的要素,此类犯罪的动机可能是为了凑足吸毒的钱款。如果醉态恰是问题的根源,那么为什么允许被告采取醉态辩护呢?另一方面,皇家检察署必须证明犯罪的所有要素。如果被告处于醉态,犯罪的要素之一就可能不成立(例如,故意或轻率),为何应该禁止被告使用醉态作为证据呢?

面对进退两难的处境,第一步是要区分两组重要的概念:

◎ 什么是致醉物?什么不是致醉物?

◎ 被告承担责任的醉态(被告有错误,即自愿醉态)和被告免责的醉态(非自愿醉态)。

8.7.1 致醉物

简而言之,任何公认会引发醉态的物质都属于致醉物。醉态特征包括情绪、感知力及意识变化、约束力下降、自制力受损、行动能力和反应能力下降以及判断能力和评估能力减弱等。这些都是摄入酒精或药物后(出于医疗或娱乐目的)产生的反应,摄入胶水和溶剂等其他物质也会出现上述反应。

如果一种物质产生的反应在预料之中,就属于致醉物,如果产生的反应超出了预期效果,就不属于致醉物。

在1985年女王诉哈迪案(R v Hardie 1985)中,上诉法院审理了保罗·哈迪案件。保罗·哈迪先前被判犯有刑事毁坏罪。他服用了大量的安定片(开给别人的药),与伴侣分居后在双方曾合住的公寓纵火。法院受理了他的上诉,并撤销了对他的判决。法院认为,保罗·哈迪服药之后的所作所为未必等同于自愿醉态。法院裁定:

> 安定不同于易引发不可预知行为和攻击性行为的其他药物……假如某种药物的作用仅限于催眠和镇定,正常情况下大量服用此种药物不能构成判断理由,就此不采信醉态证据来否决犯罪意图。……陪审团本应明白,假如他们的结论是,由于安定的镇定作用,上诉人当时无法正确判断自己的行为对他人的人身及财产所带来的危害,那么他们还应考虑服用安定本身是否属于轻率行为。

因此,假如暴力攻击行为完全超出了预计范围,安定片就不属于致醉物,但是,如果安定片预期的镇定效果损害了洞察能力和反应能力,安定片就属于致醉物。

如果被告服用的物质不属于致醉物,却受到了醉态的影响,他可以提出证据为自己辩解,这与提出证据质疑皇家检查署的判决毫无二致。

8.7.2 自愿醉态和非自愿醉态

如果被告明明知道或者本应知道(是众所周知的)所服用的物质属于致醉物,他的行为就属于自愿醉态。即便他低估了致醉物的强度,他的行为仍属于自愿醉态。在 1988 年艾伦案(Allen 1988)中,被告的辩护最终被驳回了。他声称自己并不是有意喝醉的,而是低估了所饮用葡萄酒的酒精浓度。被告清楚自己在喝酒,这就足以给他定罪了。如果被告没有遵循医嘱,服用具有致醉特性的医疗用药,或者服用开给别人的医疗用药,那么被告的行为很可能也属于自愿醉态。

与此相反,如果被告毫不知情地服用了致醉物,或者摄入了毫不了解的属于致醉物的物质,这种行为就属于非自愿醉态。最直观的例子就是,在被告毫不知情的情况下,他人向被告不含酒精的饮料中掺入酒精或其他药物,抑或被告食用了混杂有某种药物的食物。还有一种情况,在被告不知晓的情况下,所饮用的致醉物中混入了另一种致醉物,例如,向温和酒精饮料中添加烈性酒或者药物。从理论上讲,这些案件的情况和上文讨论的艾伦案的情况大不相同,尽管实际上很难区分二者之间的差别。

8.7.3　非自愿醉态的责任

非自愿醉态案件的原则是,无论犯罪行为需要证明的是犯罪故意还是轻率,被告都有权出示醉态证据,以反驳皇家检察署对自己犯罪意图的指控。但是,被告必须表明自己因醉态而不具备犯罪意图。被告决不可以声称,尽管他知道案发当时自己在做什么,但若不是因为醉态,决不会那样去做。此类案件中,尽管被告可以声称错不在自己,但由此产生的各种辩护,将很难适应现有的法律体系,并且会因此出现大量的举证问题。1994 年金斯顿案(Kingston 1994)中,上议院确立了非自愿醉态的原则。在本案中,上议院宣布先前已撤销的被告猥亵青少年的有罪判决生效。被告声称,有人蓄意在暗中策划这一切,在他毫不知情的情况下给他下药,释放了他压抑已久的同性恋童倾向,而药物恰好给了这种倾向一个发泄口。上议院认为,皇家检察署只需证明传统意义上的犯罪意图,无须证明附加的道德错误。

8.7.4　自愿醉态的责任

在 1976 年公诉局长诉马耶夫斯基案(DPP v Majewski 1976)中,上议院确立了现行的自愿醉态后果的相关规定。在这个重要的判决中,上议院裁定,如果没有必要证明特定犯罪的意图,因醉态而失去意识的人仍将获罪。埃塞克斯郡巴西尔登市(Basildon, Essex)的一个酒吧中,罗伯特·马耶夫斯基(Robert Majewski)在骚乱中袭击了店主和另外 2 人,致使 3 人受伤。警察赶到后,他又袭击了 1 名警官,前往警察局的途中,他又袭击了 2 名警官。他被指控犯有数起人身侵犯罪。审判中,他证明自己在骚乱发生前的 48 小时里曾服用了大量药物,苯丙胺、巴比妥药物和酒精共同作用,促使他当时犯下这些罪行。他不知道案发当时自己的所作所为,也回想不起那起尚存质疑的事件。最终他的上诉被驳回了,他被判有罪。上议院认为,除了需要特殊犯罪意图举证的犯罪行为,对于其他被指控的犯罪行为,醉态不可作为被告无意图犯罪的辩护理由。他的轻率足以使他获罪。

原则上规定,犯罪行为可分为两类,一类是特定意图犯罪,另一类是基本意图犯罪。特定意图犯罪只需证明犯罪故意,包括谋杀罪、造成严重身体伤害的故意伤害罪、盗窃罪和抢劫罪。基本意图犯罪需要证明轻率,包括造成严重身体伤害的非预谋杀人罪、造成实际身体伤害的殴打罪、人身侵犯罪、殴击罪及刑事损害罪。对于某种犯罪要素而言,有些犯罪是特定意图犯罪,而对于另一种犯罪要素而言,它们则成了基本意图犯罪。例如,指控强奸罪需要证明发生性关系的犯罪故意,但如果未经受害者的同意,则指控只需证明轻率;如果被告受到特定意图犯罪的指控,他可以援引醉态证据,坚称自己在犯罪行为发生之时没有所需的犯罪故意。

这并不意味着任何处于醉态的人都能逃脱法律责任。醉态产生的影响必须由陪审团评估,如果评估结果证明被告并不具备犯罪故意,他就无须承担法律责任。众所周知,通常而言,醉态会使人变得更具攻击性,或者无法自控,如果事实如此,醉态就无法成为被告的辩护理由了。然而另一方面,问题的关键在于被告的行为是否具备犯罪故意,而不是他是否具有形成犯罪故意的能力。这一差别十分重要,因为被告有可能不承认自己具备特定的犯罪故意,而随时准备承认自己确有某种故意。在 1998 年布朗和斯特拉顿案(Brown and Stratton 1998)中,庭审法官给了陪审团错误的指示,规定只有当被告说"我当时醉到毫无意识,根本不可能具备犯罪故意"时,被告的醉态辩护才具有实质意义。被告的故意严重伤害身体罪名被撤销,被判了罪名较轻的严重伤害身体罪(有些伤害的犯罪指控只需证明犯罪故意或轻率,基本意图犯罪也只需证明这两点)。

如果被告受到基本意图犯罪的指控,法律不允许他仅仅援引醉态的证据,解释他为何并未意识到风险(并非轻率)。所以,如果被告无法提供其他证据,几乎可以肯定的是,他会因此获刑。上诉法院规定,皇家检察署必须证明,假如被告当时没有喝醉,就能够预见风险[1999 年的理查森和欧文案(Richardson and Irvin 1999)]。援引醉态证据以逃避特定意图犯罪的人,必然会受到相关基本意图犯罪的指控。

在马耶夫斯基案中,上议院认为,自愿服用致醉物属于轻率行为,弥补了犯罪之时显然不具备的犯罪意图因素,上议院力图证明,自愿醉态后犯罪属于基本意图犯罪,应负刑事责任。显然,这种相当普遍的轻率,不同于犯罪意图举证时必需的特定危险意识。更为实际的做法,或许就是接受法院在力图平衡实践和理论后所做的法理裁决。这种平衡取决于特定意图犯罪与基本意图犯罪之间的随意划分,涉及醉态时,要采用不同的责任规则。

8.8　重大误解

在很大程度上,重大误解的辩护理由只能否定被告的犯罪意图。这里的重大误解,指的是被告并不具备犯罪故意,或他并不清楚自身行为可导致的危险后果,抑或是被告并没有意识到特定环境下存在的潜在风险。如果需要证明犯罪行为是犯罪故意/明知故犯或主观轻率,那么重大误解就足以证明犯罪故意不成立。如果需要证明犯罪行为属于客观轻率或过失,那就足以证明真实正当的重大误解了。在1975年公诉局长诉摩根案(DPP v Morgan 1975)中,上议院肯定了这种判断重大误解的方式。上议院认为只要被告确实认为受害者同意他的所作所为(尽管他错解其意),他的行为就不构成强奸。不过,他的理由未必一定正当,当然,正当的重大误解更有可能被视为真正的重大误解。

尽管这一裁决引起了争议,但事实上,由于被告认为受害者同意发生性行为的说法毫不可信,还是维持原判,判处被告犯有强奸罪。尽管有证据证明事实完全相反,但被告仍然辩解说,由于受害者的丈夫要求他和受害者发生性关系,并告诉他受害者可能会反抗,因为她喜欢反抗的感觉,所以自己就真的以为受害者是同意发生性行为的。

重大误解辩护在另一种情况下十分至关重要,即被告无法依据事实情况来为自己辩护,但是他认为,假如事实正如他产生的重大误解那样,他本可以为自己辩护(这与上文讨论的情形相同)。法院并没有对此类辩护采取统一原则。例如,在自我防卫中,被告有权依据他所认定的真实情况接受审判。在 1987 年贝克福德案(Beckford 1987)中,一名警官开枪打死了嫌犯,他误以为受害者持有武器,并试图向他射击。问题的关键不在于被告的想法是否正当,而在于其是否属实。如果被告的想法属实,那么他所采取的武力,是否与他所认定的实际情形相称呢? 然而,法院要求,胁迫辩护的重大误解必须正当。因此,如果被告产生重大误解,不正当地误以为自己或他人遭到死亡或严重伤害的威胁,那么防卫也就不正当(Graham 1982)。

1994 年的一个案件中,一名妇女误将一名男子当成男友,并与其发生了性关系。上诉法院认为该男子强奸罪名成立,被告人齐亚尼·艾尔拜克(Ziani Elbekkay)被判 5 年监禁。受害人是一名 30 岁的妇女,她和男友在伦敦的哈克尼居住了 18 个月。事发当晚艾尔拜克和他们两人共处一室,三人当时一直在喝酒。受害人的男友在另一个房间里睡着了。这名妇女声称,那天晚上她醒过来时,感觉床上有人在动,并且在抚摸她的身体。她以为是自己的男友,所以就没有睁开眼睛,并说道"我爱你",然后与他发生了性关系。大约 20 秒后,他们开始接吻。她感觉不对劲,睁开眼睛后,才发现这人并不是她的男友。她用拳猛击艾尔拜克,并用刀刺向他。

在这个案件中,该女士并没有醉到不省人事。不过,如果原告已经醉到不记得她(或他,男性强奸案也是如此)是否同意发生性行为的程度,那么公诉就无法成立。2005 年,在斯旺西刑事法院,一宗强奸案败诉了，原因是这名 21 岁的女学生告诉法院，说她当时已经醉得不省人事，不记得自己是否同意与被告发生性行为。她起诉时声称，自己在阿伯里斯特维斯大学的公寓走廊里被一名同学强奸了。

被告声称，走廊里发生的性行为是两厢情愿的，因为当时原告醉得很厉害，所以他才会在晚会之后，一直陪同她回到宿舍。法庭上，原告声称，如果当时自己想要与被告发生性关系，她会打开公寓门，并且领他到自己的卧室。然而她承认当时由于喝酒太多，已经不省人事。由于酒后许可也属于许可，法官罗德里克·埃文斯先生（Mr Justice Roderick Evans）指示陪审团做出无罪判决。

如果一名男子因醉酒而产生重大误解，误认为与他发生性关系的人同意自己的性行为，那么这种情况又该如何处理呢？合理的法律解释是：这种理由（宽宥事由）通常不成立。原因是：一名男子强奸罪名成立，不仅仅包括他明知对方不同意，仍和受害人发生性关系的情况，也包括他不知道对方是否同意，就发生性关系的轻率行为。因此，如果一名男子已经醉到无法辨别对方是否同意自己的性行为，他的辩护理由（宽宥事由）就不成立，因为放纵自己本身就属于轻率行为。

不过，从技术角度讲，假如被告"应当认为"对方不同意发生性行为，那么被告的强奸罪名就成立。这主要是为了防止强暴他人的狡猾分子逃避法律的制裁，防止他采用"我当时的确以为她同意了"等荒诞不经、不合情理的宽宥事由，逃避法律制裁。但是，由于醉酒未必妨碍"应当认为"（尽管实际情况通常如此），陪审团确实有可能宣判一个轻微醉酒的人无罪,因为在陪审团看来,被告醉酒时认为对方同意是正当的。表面上看起来不可能,但客观上却有可能出现。

8.9 自身防卫/防止犯罪

个人可以适当运用武力保护自己的人身安全和财产安全,这一规则源远流长,并且深深地植根于对权利的信仰中。然而,现实中应用这一规则非常困难。最近几年,针对普通公民的刑事起诉引发了众多争议,这些公民被控过度使用武力对付孤注一掷的犯罪分子,保护人身安全和财产安全,而且这些公民往往都使用了武器。

2009 年 12 月,穆尼尔·侯赛因(Munir Hussain)因暴力袭击瓦利德·塞勒姆(Walid Salem)被判监禁 30 个月。瓦利德·塞勒姆是个暴徒,他强行闯入穆尼尔·侯赛因的家,将他的家人都捆绑起来,并扬言要杀死他们所有人。

2010 年 1 月,上诉法院释放了侯赛因,指出此案是"真正的例外"。不仅仅"出于慈悲",也为了响应公众对"慈悲的强烈呼吁",上诉法院将侯赛因 30 个月的监禁减为 1 年,并缓期 2 年执行。首席大法官指出,虽然我们必须支持"滥用法律会被处罚"的原则,但在此案中,法院的判决应当"反映正义和慈悲原则"。侯赛因先生的弟弟托克尔(Tokeer)也因袭击窃贼并致其严重伤害而被判监禁 39 个月。上诉后,侯赛因先生的弟弟减刑为监禁 2 年,但不能缓刑,因为弟弟自己并不是受害者。

许多人会说受到兄弟俩袭击的这名暴徒是罪有应得,对侯赛因兄弟提起公诉的法律简直愚蠢至极。如果有人强行闯入自己的家,挚爱的人生命受到威胁,许多人都会对此极其愤怒,这一点不可否认。不过,法律并不愚蠢:法律确实准许人们使用武力来反抗罪犯,有时甚至准许使用极端暴力;如果面对的是持刀夜闯卧室的入侵者,法律并不要求通过道德说教使犯罪分子放下武器。

法律所不允许的是,当犯罪分子已经逃离犯罪现场,受害人仍然紧追不舍,并将他按倒在地,然后和同伴们一起用板球拍或金属棒球棍击打罪犯,直至他头骨破裂,脑部受伤。而这就是侯赛因、他的弟弟及共犯们对暴徒塞勒姆的所作所为。这不是自我防卫,而是治安惩罚。有些人可能还会问:"为什么这种行为不对呢——假如罪犯强行闯入家中,他自然就该遭到攻击?"原因在于:如果法律准许这种行为,社会很快会陷入暴力肆虐、混乱不堪的状态。而法律就不得不退让一边,眼睁睁地看着惩罚性攻击和社区警戒行动随意践踏生命。

《2008 年刑事司法与移民法》(the Criminal Justice and Immigration Act 2008)第76节规定,任何被指控暴力犯罪的人都可为自己辩护,只要被告确信有必要使用武力,并且所用武力程度符合他对当时情形的判断。使用武力的人应根据他对当时情形的判断接受审判。盛怒之下,不期望攻击者准确判断该采取什么样的行动,如果他采取了自己真心地凭直觉认为的必要行动,那么法律会给予他一定的灵活度。假如他本可以使用一个板球球拍就能够击退入侵者,但他却用了曲棍球球棍,法律不会驳回被告的辩护。

在 1604 年的一起案件中,一位法官针对使用什么样的武力来保护家园说道:"每个人的家都是他自己的城堡和壁垒。"就此裁定,英国人的家就是他自己的城堡。如今,这条原则依旧适用,但是禁止在家中使用私刑。1604 年时还没有警力或公诉制度,因而允许使用一些更加暴力的自我防卫行为。1880 年任命了第一位公诉局长。不过,当今的牙医业和就业领域不能完全效仿 1604 年的社会,当今的法律也不该完全去效仿当时的法律。

2005 年,刑事起诉署及首席警官协会颁布了指南,准许所有人恰当使用武力,保护自己或他人,防止犯罪行为的发生。其依据是普通法和《1967 年刑事诉讼法》第 3 节。不能指望公民在盛怒之下能够合理判断使用武力的程度。官方的建议是:

> 如果在盛怒之下,采取了自己真心地凭直觉认为的必要行动,那么行为合法性和自我防卫就有了最强有力的证据。使用随手可得的东西作为武器,情况也同样如此。

某人在家中受到威胁,没有必要等待犯罪分子出击。他可以先发制人,却不能太过激。1988 年,来自德比郡伊肯斯顿 76 岁的特德·纽伯里(Ted Newberry)躺在他的分配棚中,等待可能出现的入侵者。当马克·雷维尔(Mark Revill)试图进入分配棚的时候,特德·纽伯里用一杆 12 口径的枪向马克·雷维尔射击,雷维尔严重受伤。纽伯里先生因伤害他人而受到指控,但是陪审团却宣告他无罪。然而,即便受伤的入侵者的行为是违法的,他还是得到了损伤赔偿金

（由于他自己的共同过失，赔偿金的数额由12000英镑缩减到4000英镑）。民法规定，先发制人的行为不属于宽宥事由。

现行的皇家检察署检察官指南清晰明确、合理正当、颇有助益。指南规定，根据"使用武力打击犯罪"条款，决定是否提起公诉时，检察官应该特别注意：

> 受害人实施犯罪的性质；被告使用武力的过度程度；受伤的程度和事件一方或双方所遭受的损失或损害；被告的行为究竟属于过度狂热但切实地维护法律，还是仅出于报复或惩罚的目的而将法律玩弄于股掌之间。

（特别注意）

在法庭上应用这些原则产生的结果各不相同，自我防卫者有时被判有罪，有时被判无罪。尽管2005年和2009年才对这些尚存争议的原则进行说明，但实际上它们已存在几十年了。

托尼·马丁（Tony Martin）是诺福克郡的一位农民，1999年因开枪击中一名年轻窃贼的背部，而被判谋杀罪。上诉后，马丁的罪行被降级为非预谋杀人罪（依据责任减等原则），并于2003年获释。在2000年的另外一起案件中，戴维·萨默斯（David Summers）闯入彼得伯勒公寓时被居民发现。他们出于恐惧进行防卫，用金属棒球棍攻击戴维·萨默斯，致使他多处受伤。萨默斯因入室盗窃罪被判一年监禁。王室法律顾问休·梅厄（Hugh Mayor）说，他决不会因为萨默斯的身体受到伤害而减轻对他的刑罚。他说："公寓居民所动用的武力合情合理……罪犯纯属咎由自取,我不会同情那些因从事犯罪活动而受到伤害的人。"这种判决方式历史悠久,比如,1300 年至1348 年间,在英格兰受到公诉的犯罪行为中,谋杀位居第三,而户主杀死入侵者且被无罪开释的案件却时有发生。

2005 年,检察长称,在过去的 15 年中(其间法院共受理犯罪案件两千多万起),仅有 11 起案件是起诉户主在反抗犯罪行为时过度使用武力的。有一起案件中,户主将盗贼捆绑起来,丢进坑中,并将其点燃。

《1967 年刑事诉讼法》第三节规定了制止犯罪行为时使用武力的原则:

> 制止犯罪行为、(协助)合法逮捕犯罪分子、犯罪嫌疑人以及违法的逃犯时,可以使用武力。

法院已在逐步修订普通法中的自我防卫辩护,使其原则与成文法中防止犯罪的规定保持一致。法院借此取消了一些特殊规定,例如,自我防卫中发动攻击之前的"躲避"义务。

任何犯罪行为中,都可以援引自我防卫辩护或防止犯罪辩护,它们尤其可以用于且经常用于谋杀罪指控。即使有时候有必要使用一定的武力,但假使被告使用武力过当,则他的辩护彻底无法成立,他所面临的罪名将是谋杀罪,而不只是非预谋杀人罪。1995 年克莱格(Clegg 1995)的案件清楚地说明了这一原则。1995 年,北爱尔兰自治区一名执勤的英国士兵向一辆冲破关卡的汽车射击,击毙了一名乘客。随后事实得到澄清,车上的司机及乘客只是驾车兜风的游客,而非恐怖分子。被告因过度使用武力而获刑,原因是,一旦汽车冲过关卡,无论是超速行驶的汽车,还是车上人员的所做作为,都不会对其他士兵造成危险。由此被告的谋杀罪名成立(在之后的重审中,被告的罪名被撤销,法院免除了他的罪行,但是他仍因此获得较轻的罪名)。

以前的法律规定,被告在进行自我防卫时,如果情况允许,应在使用致命武力之前尽可能地躲避侵害。被告曾尽力避让或避免身体冲突的证据,可以充分证明他并不是攻击者,他的所作所为确实出于自我防卫的需要。即便如此,现行的法律也规定,使用武力必须出于实际需要。如果躲避或者协商可以解决问题,那就未必需要使用武力。但是,躲避或试图协商也许仅能延迟不可避免的攻击,而且有时候先发制人可能是最有效的防卫形式。事实上,有些案件中,未能先发制人很可能会导致不可避免的灾难性后果。1985 年的伯德案(Bird 1985)使人们认清了这种事实,上诉法院认为,没有责任试图避免冲突(无论是躲避还是采取其他方式)。因此,法院认为,尽管被告在受到受害者控制时先发制人,用玻璃杯攻击受害者,这与自我防卫的观点并行不悖。

同样,被告不会仅仅因为明知且"自找麻烦"而丧失辩护机会。不要求公民避免前往法律许可却存在危险的地方,1972 年菲尔德(Field 1972)的案件就是如此。尽管已有人对被告发出警告,告知他受害者与同伙在咖啡馆等着他出现,可被告仍然去了。并没有证据表明,被告在防卫中非法持有致命武器。被告在自我防卫时可以使用武力,而在使用恰当的武力时,却不可以随意使用任何近在手边的物品,这种规定极其荒谬。当然,这两起案件中,此类证据均会降低被告进行自我防卫辩护或防止犯罪辩护的可信度。

本章讨论了刑法:即国家对嫌疑犯提起公诉,使其获刑并受到刑罚的法律。下一章将讨论一种截然不同的法律:合同法,即规范公民或组织签署协议的法律。

第九章

合同法

━

9.1　引言

英国属于市场经济体制,经济活动通过商品交换来进行。商品的个体所有者聚集于市场,自由协商,制定协议条款,双方均自愿接受,互换商品。可将合同法视为一种促进、调节、加强市场交易活动的机制。

教科书会经常引用日常交易,小到购买报纸、乘坐公共汽车,大到人员雇用等,并说明这些交易均属现实版的合同,这种说法非常有道理。即使我们没有意识到这一点,我们仍然参与了合同游戏。实际上,只有当交易出现差错,或者未按照预期进行时,我们也许才能体会到这一点。于是,我们开始设法维权,向与我们发生纠纷的人索赔。此时,合同法的分析体系才发挥效用,裁定当事人是否拥有权利、能获得何种权利、是否应获得赔偿、能获得何种赔偿。修习合同法的学生,学习方向须与外行相反,这似乎不合情理。如果外行想要获得赔偿,相较而言,往往只关注赔偿;而法律学生和实习律师却明白,能否赔偿取决于合同责任是否明确,因此,在考虑赔偿事宜之前,专业法律人士会侧重是否建立和破坏契约关系。以上所述正是法律和普通日常生活的本质与联系。

尽管商品交换活动由来已久,但即使是在英国,直到 19 世纪,市场交易才成为主要的经济活动形式。实际上,目前通用的合同法于 19世纪产生于普通法。曾有人指出,合同法的通用法规,或者众所周知的"经典合同法模式",本身就是根据市场运行的理想模式建立的。

9.1.1 定义(它的价值是什么)

根据上文的实例,可以这样理解,"合同"可简单地定义为"具有约束力的协约"。然而,需要强调的是,虽然所有合同均属于协约,但并非所有的协约都是合同,换言之,并非所有的协约都具备法律效力。要判断一份协议是否具备法律效力,必须掌握合同法的规则和原则。

协约的本质在于协约双方的合意。据称合同的基础也是合意,即协约双方思想的一致。然而,这种说法略带误导性,原因在于:英国的合同法采用客观的审查方法,判断合同是否成立。合同并不注重协约双方头脑中的真实想法,而更侧重于双方行为致使他人针对双方心理状态所做的推论。因此,即便当事人并未意识到双方建立了合同关系,合同也许已经成立,并具备法律效力。

签订合同未必一定要采用书面形式。口头表述、行为认可或书面立据均可签订合同。采用上述任何一种方式所签订的合同,都被称为"简易契约"。一些主要涉及土地交易,且必须采用契据形式签订的合同,称为"盖印契约"。

9.2 合同的构成要素

如上所述,并不是每份协议,抑或每个允诺,均具备法律效力。然而,如何区分具法律效力的允诺与不具法律效力的允诺呢？具备法律约束力的协约/合同应包含以下要素:

◎ 要约

◎ 承诺

◎ 对价

◎ 行为能力

◎ 建立法律关系的意图

9.2.1 要约

要约是指当事人对特定条款的允诺。发出要约的人是要约人,接受要约的人是受约人。要约制定出要约人和受约人均愿接受的合同条款。受约人一旦接受要约,要约就转变为具有法律效力的合同。区分法律认可的要约与其他的普通声明意义十分重大，普通声明并不具备合同的强制执行力。

要约不同于要约邀请。要约邀请是指个人邀请他人发出要约。发出要约邀请的一方，不一定会对所有收到的要约做出承诺。下面是常见的要约邀请：

◎ 商店橱窗陈列的商品

◎ 自助商店货架上陈列的商品

◎ 广告

在上述例子中，顾客不能强求商家出售相关商品，更不能强求商家按标价出售。在线商品广告（网上购物）格外引人关注。不久前，爱顾（Argos）网站登出了标价为 2.99 英镑而非 299 英镑的索尼电视广告，顾客们都以 2.99 英镑的标价下单。他们误以为，自己已对爱顾的要约做出承诺，已生成了具有法律约束力的合同，爱顾网站应当按照 2.99 英镑的标价提供商品。然而，要约邀请也有例外情况，有的广告可视为要约，详细规定了获得"酬劳"需完成的任务，在条款中没有任何讨价还价的余地。

要约人可向特定个体、群体乃至全世界发出要约。如果要约有条件限制，那么只有要约规定的受约人才可做出要约承诺；如果要约面向普通大众，那么任何人均可做出要约承诺。然而，一个人无法对毫不知情的要约做出承诺。因此，如果要约人为了寻回丢失的手表，发出悬赏要约，而某人对要约毫不知情，归还了手表，就无法领取赏金。

9.2.1.1　要约的拒绝和要约的撤销

如果某人明确拒绝要约，之后就无法再撤销，对先前要约做出承诺了。反要约，即受约人试图修改要约人的条款，也同样遵循上述原则。

撤销是"解除"一词的专业说法，专指要约人取消要约的情况。只要要约尚未做出承诺，要约人可以随时撤销要约。要约一旦撤销，受约人就无法对原要约做出承诺。然而，要约人必须确保受约人知晓要约的解除事项，否则，受约人仍然可以做出要约承诺；只有签署具备同等效力的分项合同（称为"期权合同"），保证要约公开的允诺才具有约束力。

一方当事人履行某种任务，另一方当事人允诺提供某种回报的合同，就是单方合同。为找回失物而提供回报就属于单方允诺。准许要约人在受约人即将完成合同义务之际撤销要约，就对受约人不公平。因此，在单方合同中，一旦受约人开始履行规定任务，要约人就不得撤销要约。

9.2.1.2　要约的失效

一旦超过规定期限，要约就自动失效，或不能做出要约承诺了。若要约没有时间限定，则在"合理"时效之后自动失效。当然，合理时效期限因个案具体情况而异。

9.2.2　承诺

要约承诺是合同成立的必备要素。一旦受约人同意对要约人的条款做出承诺，合同即刻成立。双方当事人均受法律约束，要约人不能撤销要约，受约人亦不能撤销其承诺。

9.2.2.1　承诺的形式

只有承诺与要约条款一致时，才会达成具备法律约束力的协议。因此，受约人不得在承诺中增加新的合同条款。

综上所述，反要约并不构成承诺。同理，附带条件承诺也不产生合同关系。因此，以合同为准的协议并不具备法律约束力，仅意味着当事人正在制定双方均愿接受的条款。然而，一方当事人为承诺增加附带条件，也许并不会阻止做出承诺，正如实际法律效力取决于个案的事实问题一样。

与要约一样，承诺可采用明确的语言形式表达，包括口头形式或者书面形式，也可采用行为方式表达。

9.2.2.2　承诺的传达

承诺必须传达给要约人，沉默不等于承诺，这是承诺的基本原则。因此，内含"如若下周之前尚未收到来信，就认定已达成协议"等信息的信件，不具备任何法律效力。

然而，也存在着例外情况，如下所示：

要约人自动放弃接收要约传达的权利。例如，在悬赏案件中，寻求利益的受约人无须通知提供悬赏的要约人，即可开始履行要约义务；受约人履行任务之际，承诺就已做出。

通过邮政服务传达的承诺：在此类情况中，只要书信的邮寄地址及收件人书写正确，邮戳盖印完好，信件顺利发出，承诺即刻成立。在此之后，即使要约人未收到受约人的信件，合同也同样生效。这种邮寄规则亦适用于电报，但是，这项规则并不包括即时同步的传达方式。由此可得出结论,只有要约人的确收到承诺,以电话、传真或电传打字机等方式传达的承诺才会生效。通常而言,电子邮件也被视为同步传达方式,因此不遵循邮政服务要约原则。

9.2.3　对价

除非允诺以契据形式呈现,否则英国法律不会强制执行无偿允诺。可将对价理解为当事人支付的允诺价格。对于"对价"概念中所隐含的协议要素,弗雷德里克·波洛克爵士(Sir Frederick Pollock)给出了明确的定义,并在 1951 年邓洛普诉塞尔弗里奇案(Dunlop v Selfridge 1915)中得到上议院的确认:一方当事人的行为、克制或允诺,即为购买另一方当事人允诺所支付的价格,这种被赋予了价值的允诺具有法律效力。

有时人们认为,对价利于允诺人,而不利于受允诺人。值得注意的是,要制定具备法律效力的协议,上述"对价"定义中的两个要素无须同时存在,不过,在实践中,"对价"定义中的两个要素往往共存。假如允诺不利于受允诺人,那么实质上必然直接惠及允诺人。不过,受允诺人受损必定是应允诺人的要求而产生的。

对价可分为以下三类:

◎ 待履行的对价:双方当事人允诺在未来的某一时间点执行某种行为,并就未来的活动交换允诺,在此基础上签订的合同称为"待履行的合同"。

◎ 已履行的对价:在单方合同中,要约人向受约人允诺以某物回报受约人的行为,只有当受约人完成了要约规定的行为时,允诺才具备法律效力。

◎ 过去的对价:事实上,此类对价不属于有效对价。对价源于对方的允诺,属于对允诺的回报。而过去的对价中,在做出允诺前,全部行为已执行完毕。因此,在合同法中,过去的对价不具备法律效力。但也有例外情况,例如,原告应被告的要求执行行为,并预期能够因此获取报酬,那么,在原告执行行为之后,被告所做的任何有关报酬的允诺具备法律效力。

对价一定不能是过去的,这仅是规范"对价"定义及其操作的诸多规则之一。其他规则如下:

◎ 履行的行为必须是合法行为。法律不支持违法行为的允诺赔偿。

◎ 对价必须出自受允诺人。如果甲向乙允诺,在乙将自己的车给丙后,甲就会向乙支付 1000 英镑,通常而言,丙不能强行执行乙的允诺,原因在于:丙并非为允诺提供对价的当事人。这种原则称为"相互关系原则"。因此,普遍的做法是,只有合同当事人才能享受合同规定的权利,或履行合同规定的义务。然而,存在普通法个案例外情况,其中一般权利受《1999 年合同(第三方权利)法》的保护。

◎ 对价必须是充分的,但不必是等价的。合同条款由当事人自己确定,只要协议是当事人自愿签订的,法院就不会干涉合同条款的内容,不会强求合同条款遵循等价交换的原则。只要对价是有效的

（即对价充分），那么交换的对价无须与交易之物具有相同的价值（即等价）。

普遍认为，履行现有义务（无论公众义务还是合同义务）都不为额外偿付等进一步索赔提供有效对价。然而，如果索赔方确已履行了额外的义务，或对方当事人确已从中获益，那么索赔方即可索取允诺的额外偿付金。

9.2.4 行为能力

行为能力指一个人履行合同的能力。通常而言，所有心智健全的成年人都具备完全的行为能力。然而，有些人群的行为能力却有局限性。

9.2.4.1 未成年人

未成年人指未满 18 周岁的人。法律试图限制未成年人的合同行为能力，防止他们缔结任何对他们不利的协约。由习惯法和成文法组成了未成年人保护原则，按照签订合同的时间，未成年人签订的协议可分为三类。

9.2.4.2 精神障碍及醉态

心智不健全的当事人，以及处于酒精或药物致醉状态的当事人所签订的合同，具备表面的法律效力。为了防止合同成立，必须出具以下证明：

◎ 签订合同之时，精神状态严重受损，无法理解自身行为的性质。

◎ 另一方当事人知晓，或本应当知晓当事人在签订合同之时毫无行为能力。

尽管如此，声称自己毫无行为能力的当事人，必须支付合理的钱款给售卖或者投递给他们的生活必需品。《1979 年货物交易法》明确规定，适用于未成年人的法则，也适用于无行为能力的当事人。

9.2.5 建立法律关系的意图

前文提及的所有要素，很可能全部出现在特定的协议中，然而，单单这些要素仍无法构成合同。为了限制其他案件出现的可能性，只有在当事人双方均具备建立法律关系的意图时，法院才会强制执行协约条款。尽管协约条款已明确表明当事人的意图，法律仍需再次客观而非主观地审查当事人是否具备建立法律关系的意图。根据法律意图，协议可分为三种，每种类型会用到不同的推定。值得注意的是，特定案件的客观情况可能会否定推定。

9.2.5.1 家庭协议和社会契约

在这类协议中，推定当事人并无建立法律关系的意图。

9.2.5.2 商业协议

在商业环境中，直接推定当事人因交易需要具有建立法律关系的意图。

9.2.5.3 集体协议

雇主与工会之间的协议可视为一种截然不同的协议，原因在于：

尽管属于商业协议,但可以推定集体协议不会上升为法律关系,因此,通常而言,集体协议不具备法律约束力。

9.3　合同的内容

前文讨论了合同的签订方式,本节将探讨合同的具体内容。由于当事人通常有义务履行所签合同中的允诺,因此,准确确定合同包含的允诺至关重要。

9.3.1　(促使另一方当事人签约的)事实陈述

尽管有些陈述会诱使对方当事人签订合同,但并非合同的组成部分。签订合同之前做出的陈述为(促使另一方当事人签约的)事实陈述,虚假的事实陈述可致当事人起诉虚假陈述。虚假陈述也会导致合同的取消,即无辜的一方当事人撤销合同,或在某些情况下,向做出虚假陈述的当事人索赔(参阅下文解释)。

虚假陈述可分为两种类型:

9.3.1.1　欺诈性虚假陈述

欺诈性虚假陈述,指的是对明知或认定不实,抑或对属实与否轻率大意而做的陈述。此类虚假陈述的难处在于必须证明心理因素;要证明欺诈,必须说明犯罪意图或犯罪心理,显而易见,这更是难上加难。

9.3.1.2　过失性虚假陈述

过失性虚假陈述是指对认定属实而没有合理理由去这样认定的

事情所做的虚假陈述。过失性虚假陈述分为两种类型：

◎ 1963 年以前的普通法，并没有明确界定过失性虚假陈述的概念。过失性虚假陈述的过失究责可能性源自 1964 年赫德利·伯恩有限公司诉赫勒及合伙人有限公司案（Hedley Byrne & Co v. Heller and Partners 1964）。

◎ 根据《1967 年虚假陈述法》（the Misrepresentation Act 1967），依据普通法起诉虚假陈述案件不仅必要，而且有益。然而，目前虚假陈述起诉案仍依据成文法进行，《1967 年虚假陈述法》第 2 条第 1 款撤销了常规的举证责任，因此，过失性虚假陈述的当事人须出示自己认定属实的合理理由。

9.3.2 条款

陈述的作用举足轻重，在缺少陈述的情况下，受允诺人不能签订协议，陈述等同于条款。为了判定违约的救济方式，陈述一旦成为条款，就必须判断其条款类型。可将条款分为以下几类：

9.3.2.1 条件条款

条件是协议的基础组成部分，牵涉合同的根基。一旦一方当事人违背条件，无辜的另一方当事人就有权终止合同，或者拒绝履行合同义务，抑或履行协议后索赔。

9.3.2.2 担保条款

担保条款属于附加条款，对于整个协议而言并非至关重要，且无法彻底破坏协议效力。即便一方当事人违背担保条款，无辜的另一方当事人也无权终止协约。无辜方必须履行完协议,方可起诉违约方,要求赔偿损失。

9.3.2.3 中间条款

在中间条款中,不会因条件条款或担保条款而预先规定提供救济,救济取决于违约后造成的结果。即便条款看似担保条款,如果违约造成无辜一方当事人根本无法从合同中获益,那么无辜方仍可拒绝履约。然而,即便条款看似条件条款,如果无辜方并未丧失合同的全部利益,那么无辜方仍须履约,并勉强接受赔偿。

9.3.3 默示条款

顾名思义,默示条款并未在合同中明示,而是含蓄地默示出来。默示条款可分为三种类型:

9.3.3.1 依成文法制定的默示条款

例如,根据《1979 年货物供应法》(SoGA),有关商品交易的合同中包含产品描述、质量及适用性等条款。

9.3.3.2 依惯例而定的默示条款

尽管协约当事人并不明确声明惯例条款,但协约仍需遵循惯例条款。然而,惯例不可推翻协议中的明示条款。

9.3.3.3 由法院制定的默示条款

通常而言,法院会推定双方当事人意图包括某条含未明示的条款。需要赋予合同以商业效益时,法院会就此推定。

9.3.4　免责条款

免责条款力图确定合同当事人的权利与义务,在这一点上,与其他条款毫无二致。不过,免责条款力图免除或减轻一方当事人的法律责任。将免责条款纳入标准合同,这一点引起了多方关注,其中处于商业优势的一方当事人可将其条款强加于对方当事人,根据合同条款,对方当事人别无选择(要么接受,要么放弃)。这种标准合同违背了合同法求同协商的基本理念,因此,受到了司法机关和立法机关的特别关注,两者都致力于消除其中明显的不公平现象。

普通法、《1977 年不公平合同条款法》(the Unfair Contract Terms Act 1977)与将某些条款纳入特定合同的各种法案相互作用、彼此影响,使得与免责条款相关的现行法律日趋复杂。然而,仍应提及下列免责条款问题:

9.3.4.1　合同中是否已包含免责条款?

免责条款确系合同条款才可生效。有三种方法可将条款纳入合同协议中:

◎ 签名:如果当事人签署了合同文件,那么即便当事人没有阅读条款内容,也必须遵守合同条款。

◎ 通知:为了充分告知当事人,包含免责条款的文件必须是合同的组成部分,并在合同签订之时告知当事人。

◎ 惯例:如果双方当事人曾依据免责条款发生过交易,那么此后合同中会包含先前的免责条款。

9.3.4.2 使用免责条款能有效避免违约责任吗？

司法机关并不支持免责条款，一直对此持观望态度，并制订了诸多限制免责条款效力的释法原则。

9.3.4.3 《1977 年不公平合同条款法》对免责条款造成何种影响？

《1977 年不公平合同条款法》的颁布表明，成文法正试图限制免责条款的效力。虽然命名为《1977 年不公平合同条款法》，却旨在限制不公平的免责条款，而非针对普通的合同条款。《1977 年不公平合同条款法》对免责条款的制约主要体现在以下两个方面：

◎ 过失。如果过失造成人员死亡或者人身伤害，则免责条款完全失效（第 2 条和第 5 条）。如果过失造成了其他形式的损害，则只有当免责条款满足合理要求时，才具备法律效力（第 5 条）。

◎ 合同。《1977 年不公平合同条款法》（第 3 条）的一般原则规定，强加给消费者的免责条款（如 12 条第 1 款所述），或者根据商业标准制定的免责条款，只有满足了本法案规定的合理要求，才具备法律约束力。"合理要求指的是具体情况下的公平性和合理性 ……（第 11 条）"。《1977 年不公平合同条款法》附件 2 提出了指导原则，指导检验非消费者交易的合理性，裁决消费者交易时，法院亦可考虑非消费者交易中的相似对价。包括：

(i) 双方当事人议价能力的相对优势；

(ii) 是否存在为减轻法律责任而提供诱因的现象。

9.4　合同的撤销

合同撤销之后,协约当事人不必继续履行合同义务。合同的撤销方式有以下四种:

◎ 协约

◎ 履约

◎ 合同履行受阻

◎ 违约

协约是最常见的合同撤销方式,然而对律师而言,或许违约才是最重要的。

9.4.1　因协议而撤销合同

合同法的本质在于合意,由此可以推断,协议可撤销自身制定的内容。合同本身可包含撤销条款,包括明确规定时效期限,或者发生特定事件,即可自动撤销合同。

9.4.2　履约型撤销合同

合同双方当事人按照合同履行义务,随之撤销合同。履约是常见的合同解除方式。作为通用原则,合同的解除需要当事人准确无误地履行合同中的所有义务。如果一方当事人已基本完成合同规定义务,但有部分义务尚待完成,或者存在过错需要纠正,当事人可向另一方当事人索要合约价格,但他仍需对拖欠工作的克扣部分负有法律责任。以下几种情况属于部分履行合同的情况:甲向乙订购了一箱装有 12 瓶油的货物,而乙只有 10 瓶油,且乙将他仅有的 10 瓶油发货给甲。甲可随意拒绝这批货物;然而,一旦甲接收货物,甲就必须支付乙合理的价格。如果买方拒绝接收卖方提供的货物(通常这种情况没有法律根据,例如,货物没有瑕疵),但在此之后却起诉对方当事人违约,那么卖方即可根据"交付已完成"的事实,解除合同规定的自身义务。

9.4.3　合同履行受阻型撤销合同

合同签订之后,假如出现任何不可能履约的情况,合同受阻原则可使合同当事人免责履约。

例如,合约标被毁坏,或合同商业目的作废,合同即可因合同履行受阻的原因得以撤销。(当外界环境发生剧烈变化,当事人不得不继续遵守合同规定,当事人需要履行的义务与先前协约的规定完全不同,这种情况下,当事人可自行撤销合同。)

9.4.4　违约型撤销合同

协约一方当事人没有按照协约规定履行全部义务,或令人满意地履行义务,即可因违约而造成合同撤销。以下三种情况属于违约:

◎ 一方当事人在尚未到履约之时就声明不会履约,这种预期违约可明示,即当事人声明不会履约;亦可默示,即当事人通过行动使得未来履约无法实现。

◎ 一方当事人没有履行合同义务。

◎ 一方当事人履行了合同义务,却存在缺陷。

9.4.5 违约的后果

出现违约行为后,无辜方当事人有权要求赔偿损失。有时无辜方还可视为合同自动解除。此时,他们既可以拒绝履行合同义务,也可以拒绝接受违约方继续履行的合同义务。在下列情况下,一方当事人有权解除合同:

◎ 合同尚未到期或者全部义务尚未履行,违约方拒绝履行合同。

◎ 违约方彻底违约(参阅上文)。

9.4.6 违约的救济

合同违约的主要救济方法有:

◎ 损害赔偿金。

◎ 合理金额。

◎ 特定履行。

◎ 禁制令。

◎ 双方议定的合同价之诉。

◎ 拒绝履行合同。

9.4.6.1　损害赔偿金

损害赔偿金指的是违约后的补偿金。影响违约赔偿金数额的要素有两个:损害的间接程度和损害赔偿金的衡量。

1. 损害的间接程度。无辜方当事人可索要多少损害赔偿金呢?要确定被告所造成损害的间接程度及其法律责任,需要考虑违约和损害之间的因果关系和间接程度。通行原则是:自然发生的损失,即在事情自然发展的过程中导致的损失,或者合同双方立约之时合理预期的违约损失,无辜方可获得损害赔偿金。

通行原则第一部分规定,无论事实上违约方是否预料到其违约后果,都视为违约方已经预知。

然而,根据原则的第二部分,违约方只需对已实际明知的非正常后果负责。

由于检验间接程度的缘故,尽管违约后果未超出合同双方当事人设想的合理范围,但比预期要严重得多,违约方仍需对违约后果承担法律责任。

2. 损害赔偿金的衡量。损害赔偿金旨在补偿无辜方因违约而遭受的经济损失,而非惩罚违约方,因此,损害赔偿金数额不可高于实际遭受的损失,旨在使无辜方获得与履约等同的收益,程序如下:

市场原则。如果卖方没有按照合同交货,买方有权在市场上以当前市场价格购买同类商品,之后,买方可获得的损害赔偿金即为支付价格与原合同价格之间的差额。反过来,如果买方不按照合同受领货物,卖方就可以在市场上按照当前市场价格出售货物。损害赔偿金的数额就是卖方的成交价与合同价格之间的差额。

减轻损失的责任。遭受损失的当事人有责任采取一切合理的步骤减轻损失。因此,在上述例子中,未收到货物的买方必须尽可能购买便宜的替代商品,未售出货物的卖方也必须尽可能高价出售货物。

过去,如果违约造成的损失为非经济损失,受损的当事人就不可继续索要赔偿金。然而现在,此类损失亦可索要赔偿。

确定违约金和罚款。在商务合同中,当事人通常会为将来可能出现的违约制定条款,预先规定违约方应当支付的违约金数额。此类条款确定的违约金称为“约定违约金”。法院所认可的约定违约金,是对违约损失的真实估价,而非针对违约方的罚金。如果法院认定违约条款属于罚金,则视为无效,但仍会判给无辜方合理数额的赔偿金。

合理金额。合理金额指的是合同当事人应获取与自身收益等额的赔偿金,赔偿的性质既可属于合同性质,亦可属准合同性质(参阅下文)。如果合同一方当事人已履行无效合同中的义务,而另一方当事人也已接受,那么就可按照合理金额支付。

特定履行。有时可以起诉一方当事人违约,并索求损害赔偿金。然而,通过特定履行令,违约方可遵令完成合同义务。以下规则用于管理特定履行的执行:

◎ 特定履行只适用于普通法救济的损害赔偿金数额不足的案件中,通常并不用于存在替代品的商品交易合同。特定履行常用于土地交易合同案,以及独一无二的案件,例如毕加索的画作。

◎ 法院无法监督强制执行的情况下，不会采用特定履行。因此，特定履行不用于雇用合同和个人服务合同。

◎ 因为特定履行属于衡平法救济方式，如果原告行为不当，或者合同缺乏互利，就不会实施特定履行令。因此，未成年人并不适用于特定履行，因为特定履行令不针对未成年人。

9.4.6.2 禁制令

禁制令亦属于衡平法指令，它强令当事人不得违约。只有在强制执行协议中的负面契约时，法院才会签发禁制令。禁制令无法用于强制执行正面义务。

9.4.6.3 双方共同议定的合同价之诉

有些情况下，一方当事人可起诉对方当事人不支付议定的合同价格，而非违约后的损害赔偿金。

9.4.6.4 准合同救济

准合同救济的依据是一种假设，假设当事人不该从中获取合理范围之外的好处，因为事实上不存在强迫承担责任的合同救济。对已付钱款和已收钱款的起诉就是一种准合同救济。

如果对价完全失效，合同无法成立，那么起诉后的救济是收到的所有商品和钱款均须退还供应方。

本章关注诸多领域的合同法规则。总而言之，这些规则都是法律制度的核心构成部分，旨在规范公民及组织签订具备法律效力的协议。合同法对整个社会的运行方式至为关键。

术语表

—

　　由衷地感谢英格兰和威尔士司法术语表,此处众多术语都摘选其中。

　　后验(A posteriori)　采用推理的方法,根据结果推断原因。属于归纳性推理。例如,由一块手表推断存在制表匠,鲁滨逊由脚印推断出荒岛上还有其他人等。

　　先验(A priori)　以一般原理推断必然结果。先验事例的真假无须事实证明,例如,死人不会呼吸。

　　法案(Act)　议会制定的法律,也称成文法。法案详细地陈述法律规则,由议会两院以议案的形式通过,并由国王御准生效。

　　休庭(Adjournment)　法律诉讼过程中的短暂延期。

　　替代性纠纷解决程序(ADR)　全称 Alternative Dispute Resolution,使用正常诉讼程序以外的方法来解决纠纷。

辩护人（Advocate） 在法庭上为委托人辩护的律师。

趋重情节（Aggravating） 加重犯罪事实的情节。例如，在偷盗过程中，随身携带武器，抑或是在行窃过程中，对他人造成人身伤害，均为趋重情节。

不在犯罪现场（Alibi），（elsewhere 的拉丁语说法）受到指控的犯罪嫌疑人案发时不在犯罪现场，或当时不可能犯罪。

上诉（Appeal） 向高级法院发出的正式诉求，恳请高级法院变更法院做出的裁决、裁定或判决结果。

反社会行为令（ASBO） 全称 Anti-social Behavior Orders，指的是禁止一些反社会行为的法院命令。反社会行为令的期限至少为 2 年，这期间禁止犯罪分子前往某些地区，不可和某些人员联络，亦不可实施犯罪行为。尽管反社会行为令由法院颁布，却属于民事命令，而非刑事处罚令——意味着不会在个人刑事犯罪报告中记录在案。然而，违反反社会行为令的行为却属于刑事犯罪，会受到罚款或 5 年以内的监禁等处罚。2011 年，英国政府宣布了废除反社会行为令的计划。

保释（Bail） 被告人下次出庭前，获保出狱。要获取保释资格，必须出具安全证明，且/或遵守宵禁等保释条款。

英国和爱尔兰法律咨询研究中心（BAILII） 全称 the British and Irish Legal Information Institute，在互联网上免费提供英国和爱尔兰的基本法律信息，包括诸多案件的判决结果等。

律师（Bar） 出庭律师参加培训之后，即可获得出庭律师资格，代表委托人出庭。律师是一个集体名词,指所有的出庭律师,其代表为出庭律师总理事会。

出庭律师(Barrister;Counsel) 指英格兰、威尔士和北爱尔兰的从业律师。只有参加法律培训之后,才具备律师资格出庭。出庭律师在法庭上代表个人客户,提出专业的法律建议。通常而言,只有通过事务律师才可委托(或雇用)出庭律师。2004 年,这一规则有所改变,普通民众在特殊情况下可直接委托出庭律师出庭。

法官(Bench) 所有出庭的法官或治安法官的统称。

议案(Bill) 呈递给议会的法律草案。一旦获得议会批准及君主御准,议案就成为法律,称为法案。

强令(Binding/bound over) 强令履行法律义务,例如,履行维护和平的法律义务。不遵守强令会受到惩罚。

儿童和家事法庭咨询及援助服务机构(CAFCASS) 全称 the Children and Family Court Advisory and Support Service,致力于保护英格兰和威尔士家事法庭诉讼案中儿童的权益;在离婚、分居、收养或儿童照看及监护等家事案件审理过程中,与儿童及其家人一起为法庭提供建议,将儿童权益最大化。

判例法(Case law) 法官做出的个案判决结果集结而成的判例集。

立法目的消失,法律即失效(Cessante ratione legis,cessat lex ipsa) 立法理由消失,法律即失效。与立法相比,这一条更适用于普通法。

巡回法院法官（Circuit judge）　郡法院和/或刑事法院的法官。

民事法庭（Civil court）　专门处理那些涉及个人权利纠纷而未侵犯国家利益的法院。

法官办公室/出庭律师办公室（Chambers）　此词条具有两层含义：第一层含义指代与公众隔离的私人办公室或庭审室，供法官做某些听审所用，例如家事案件听审；第二层含义是指出庭律师的办公室。

赔偿金（Compensation）　用于补偿对他人造成的损失、侵害、虐待、不便或人身伤害的一笔费用。

《宪法改革法》（Constitutional Reform Act）　《宪法改革法》于2005年3月24日获得御准，对大法官办公室进行改革，确定首席大法官为英格兰和威尔士的司法首脑兼英格兰和威尔士法院的首席法官，并成立了英国的最高法院。此外，《宪法改革法》还制订条款，设立司法任命委员会、司法投诉办公室、司法任命及执行监察专员。

藐视法庭（Contempt of court）　因个人在法庭上没有表现出对法庭应有的尊重和服从而受到罚款甚至是监禁处罚的犯罪行为。拒绝服从禁令或者法庭命令，也属于藐视法庭的犯罪行为。

王室（Crown）　君主体制或者君王的世袭权力，如今由政府和法院行使。王室通过皇家检察署将所有刑事案件提交法院审理。

刑事法院（Crown Court）　刑事法院受理由治安法院提交量刑的所有犯罪案件。所有犯罪案件听审均由一名法官及陪审团出席。刑事法院也充当上诉法院，受理对治安法官听证和审理判决不服后提起上诉的案件。

何人获益?（Cui bono?）　英语为 to whom good，换言之，谁会获益呢? 为古罗马律师西塞罗所用，在力图破解谜团或破案过程中，思索何人将从中获益往往大有裨益。

有罪（Culpability）　应受惩处。

宵禁（Curfew）　法律命令，强制某人于规定期间留守家中。

监禁（Custodial sentence）　犯罪分子于规定期间在监狱或少年犯罪机构服刑。

损害未必由不法行为造成（Damnum sine injuria esse potest）没有采取不法行为，却可能造成损害（例如人身伤害或经济损失）。

宪法事务部（DCA，Department for Constitutional Affairs）　曾经负责管理法院、完善司法制度、人权和信息权法的部门，还曾负责完善选举管理和宪法现代化方面的法律和政策。2007 年 5 月 9 日司法部成立后，由司法部负责所有刑事、民事、家事和行政司法制度方面的政策，包括判决政策、法院、裁判庭、法律援助及宪法改革等。

被告人（Defendant）　在法庭上遭到起诉、受到审判、等待判决的人。

法律不管琐事（De minimis non curat lex）　法律并不关注最不起眼、无足轻重的琐事。

信息披露（Disclosure）　刑事诉讼过程中的三级审判制度，确保所有人知晓诉讼案件中当事人双方的重要信息。

◎ 初次披露:是检察官的职责，向辩护方披露不利于被告的材料信息。被告在治安法院接受审讯且声称无罪，抑或案件已转交陪审团审讯，就进行初次披露。

◎ 辩方陈词：体现了辩护方的本质，表明被告与公诉方之间存在的异议及其原因。对于即将面对陪审团审讯的被告而言，辩方陈词是强制性的，而对于即将接受简易审讯的被告而言，辩方陈词是选择性的。

◎ 二次披露：收到辩方陈词后，就会尽快进行二次披露，披露先前未曾公开、有望协助被告辩方陈词后辩护的案情细节。

在民事诉讼中，除非受到特权管控，否则所有相关文件必须公开（参见下文）。

地区法院法官或治安法官（District Judge；Magistrate）　2000 年之前称为"领薪治安法官"，属于全职司法人员，负责审理治安法院的各种案件——尤其是冗长而复杂的刑事案件以及涉及儿童监护的案件。治安法官有时与业余治安法官协同审理，有时则单独审理案件。

地区法院法官（District judges）　先前称为"郡法院登记官"，任职于特定地区的郡法院或地区登记处。地区法院法官的工作大多在办公室完成，有权在郡法院采取低于一定财务限制（经常进行审查）的行动。超出该财务限制的案件一般由巡回法官听审。地区法院法官在郡法院也充当仲裁者，听审婚姻案件，负责民事和家事案件的审前听审阶段以及审前审查事宜。有些地区法院法官还裁决儿童案件。

议案草案（Draft Bill）　提交的议案呈递议会前的早期版本。

挪用（Embezzlement） 不诚实地将他人财产归为己有。

诈骗（Fraud） 欺骗行为或事例。

木槌（Gavel） 吸引注意的小木槌。司法制度中最著名的标志之一，然而，具有讽刺意味的是，英国及威尔士地区的法庭并不使用这种木槌。

听审（Hearing） 法庭上的诉讼过程。

高等法院（High Court） 民事法庭由三个分支构成：王座法庭审理违约、人身伤害、商业及建筑案件、诽谤言论及口头诽谤等民事纠纷案件；家事法庭审理涉及孩子或成人无法自行解决的婚姻事务或诉讼案件；衡平法庭审理包括诈骗和破产在内的财产纠纷案件。

内务部（Home Office） 负责英格兰及威尔士地区包括犯罪在内的国内事务的政府机构。

司法独立（Independence of the judiciary） 公众对司法的信心要求法官依法判案，而非在贿赂、恐吓和政治压力下判案。各种法规都有利于自由无畏的判案——司法部门的薪水无须议会逐年批准，法官不会因其司法言论而遭到起诉。

司法通讯办公室（JCO） 全称 the Judicial Communications Office，旨在提升公众对英格兰和威尔士司法部门的信心，向司法人员提供媒体事务方面的建议，促进司法人员之间的相互交流。

太平绅士（JP） 全称 Justice of the Peace，"治安法官"的官方称谓。

司法人员（Judiciary） 43000 名处理英格兰及威尔士地区法律

事务的法官、治安法官以及其他法院工作人员的统称。

法律委员会（Law Commission） 由议会建立、对英格兰和威尔士的法律进行审查、提出改革建议的独立机构。

上议院高等法官（Law Lord） 2009 年 10 月前在上议院（即英格兰和威尔士的最高法院）发表观点的前常任上诉法官（现最高法院法官）的非官方称谓。

律师（Lawyer） 事务律师和出庭律师等法律从业人员的通称。

首席大法官（Lord Chief Justice） 英格兰和威尔士的司法首脑兼英格兰和威尔士法院的首席法官。

治安法官（Magistrate） 自愿牺牲个人时间在治安法院担任非专业法官的普通公民。他们无须正规的法律资格证，但都接受法庭程序方面的培训。

治安法院（Magistrate's courts） 治安法院是刑事司法系统中至关重要的部门——实际上所有刑事案件均源于治安法院，而且其中 95％以上的案件就在此结案。此外，治安法院还审理很多民事诉讼案件，其中大多涉及家庭事务。治安法院的诉讼通常由 3 名治安法官（太平绅士）共同听审，英格兰及威尔士地区共有 28000 名治安法官。

调解（Mediation） 法庭之外解决纠纷的过程。

不当行为；失职行为（Misfeasance） 非法执行本可合法从事行为的旧时说法。与违法乱纪（malfeasance 本质上的非法行为）或失职（nonfeasance 未履行法律规定的职责）截然不同。

减轻刑罚（Mitigation） 已认罪或者判罪的被告人做出的申辩，旨在对其违法行为进行免责或部分免责，力争从轻判决。

司法部（Ministry of Justice） 司法部成立于 2007 年 5 月 9 日。负责各级法院、量刑、监狱、罪犯改造，还负责投票、刑法附属地、人权、法庭、信息自由等前英国宪法事务部（DCA，the Department of Constitutional Affairs）的各项政策。

公开法庭（Open court） 英格兰和威尔士的司法事务大多在公开法庭进行，公众可自由进入法庭观看诉讼过程。但是家庭事务等敏感的诉讼案件，则"不公开审讯"，在"办公室"或私下进行审理。

议会主权（Parliamentary sovereignty） 英国民主的最高权力即选民的权力——由议会中的选民代表表达。这是至上权力（也称为"最高权力"）。可采用立法途径制定任何能够想象到的法律。1917 年，上诉法院法官斯克鲁顿认为，成文法可以规定"2＋2＝5"，不过，有的经济学家早就为此努力一段时间了。

答辩和案件管理听审会（Plea and case management hearings） 预审听审会，由一名法官负责在刑事法庭进行，被告可表明自己是否打算认罪，是否有机会证明证据不充分、案件不足以提交陪审团。法官还可提供指导，说明哪些证据会被采纳等。

升职（Preferment） 升至更高职位，与晋升（promotion）同义。

审前听证（Pre-trial hearing） 短暂的法庭听审过程，其间法官了解案件当事人的审讯准备情况，并在必要时确定日程安排。

特权（Privilege） 一方当事人因法律认可的某种特殊利益而享

有的拒绝公布文件、拒绝制作文件或者拒绝回答问题的权利。

遗嘱检验（Probate） 依法对遗嘱有效性所做的检验。

刑事诉讼（Prosecution） 对个人进行刑事起诉的行为。

出庭律师见习期（Pupillage） 出庭律师培训的最后阶段。通常为 1 年，分为两个时段，每时段 6 个月，在各法官办公室见习。

王室法律顾问（QC） 全称 Queen's Counsel，经验丰富、知识渊博的出庭律师或事务律师均可申请成为王室法律顾问。王室法律顾问承担重大工作，也称为 silk（丝袍），源于他们在法庭上穿的黑色长袍。如果国王（king）继位，则自然而然地称为 King's Counsel（王室法律顾问）。

监管之人，谁人监管？（Quis custodiet ipsos custodes?） 谁来监管那些监管之人？换言之，即便是监管之人或监督者，也有不足之处。

季审法庭法官（Recorder） 季审法庭法官由女王本人亲自任命，拥有与巡回法官同等的权力，任期为 5 年。每年履行 4—6 周季审法庭法官的职责，其余时间则自行从业，担任出庭律师或事务律师。

法治（Rule of law） 法治是文明民主的经典特征。维多利亚时期的法学家戴西（A. V. Dicey）提出了法治原则，即无论个人权力大小，都必须遵守民主方式制定的法律，任何人都不能僭越法律，法律重于权贵。民众接受法律约束，而非统治者的统治。

三权分立（Separation of powers） 源自亚里士多德的思想，由法国作家孟德斯鸠发扬光大，这一思想认为政府有 3 种职能：立法、行政和司法。如果一个人或一个部门承担的职能不止一种，就会威胁到民众的自由。英国并没有严格实行三权分立，最高法院法官拥有司法权，并且可以"立法"，声明普通法应当与时俱进，进行修改，借此制定新的法律。

成文法（Statutory law）　由议会法案通过的法律。

简易审讯（Summary trial）　治安法院进行的审讯。

压制真相，散播谎言（Suppressio veri, suggestio falsi）　蓄意压制真相意味着散播谎言。这是对"真相有所保留"而付出的残酷代价。

最高法院（Supreme Court）　根据《2005 年宪法改革法》，最高法院于 2009 年建立，实现了英国立法系统与司法系统的分离。最高法院法官不在上议院任职、投票。令人略感困惑的是，2009 年之前，高等法院和上诉法院均称为"最高法院"——如今则称为"英格兰和威尔士高级法院"。

暂缓监禁（Suspended sentence）　暂不执行的监禁判决，如果罪犯在规定期限内不再犯罪，就无须服刑。

无法追溯的年代（Time immemorial）　法律记录之前的年代。法律记录始于 1189 年理查一世登基之时。根据英国法律，假如可以表明一种惯例从无法追溯的年代起就已存在，则该惯例在其适用范围内具备强制实施效力。选择将 1189 年作为法律记录的起始时间，确定于 1275 年的《威斯敏斯特法》，决定 1189 年为最早的土地所有权纠纷解决途径追溯时限。

侵权行为（Tort） 对受害人造成了伤害的民事犯罪行为，可通过民事法庭索求赔偿，包括人身伤害、疏忽驾驶和诽谤等。

裁判庭（Tribunal） 裁判庭是司法系统的重要组成部分，在法庭之外履行职能。英格兰和威尔士共有裁判庭将近100种，各司其职——包括退休金上诉、庇护、增值税等。裁判庭体系极其多元化——最大的裁判庭年审理案件30万起，而另有一些则几乎从不开庭。裁判庭既有全国性的，也有地方性的；既有具备合法资格的，也有不具备的。既有正式的（拥有法定代理），但许多都不正式。

维持原判（Uphold/upheld） 对不服司法裁决进行的上诉仍维持原判。

法院监护的未成年人（Ward of court） 法院命令的监护对象——即未成年人（不满18周岁）。法院命令确保法院拥有监护权，日常监护有个人或当地机构负责。只要未成年人受到法院监护，那么转学、医疗等涉及未成年人成长的决议，均须由法院批准。

监护（Wardship） 高等法院对于未成年人的法律监护。

青少年司法委员会（YJB） 全称Young Justice Board，英格兰和威尔士青少年司法委员会监督青少年司法体系，致力于防止不满18周岁的儿童和青少年犯罪并再犯，确保其监护安全无恙，研究导致其犯罪行为的原因。

参考文献

Abel-Smith, Brian and Robert Stevens (1967) *Lawyers and the Courts*, London: Heinemann.

Adler, Stephen (1995) *The Jury: Disorder in the Court*, New York: Main Street Books.

Allen, Sir Carleton Kemp (1927) *Law in the Making*, Oxford: The Clarendon Press.

Aquinas, Thomas (1225 – 74) *Summa Theologiae*.

Archbold (2006) *Criminal Pleading Evidence and Practice*, London: Sweet & Maxwell.

Baker, John Hamilton (2005) *The Oxford History of the Laws of England*, Vol. I, Oxford: Oxford University Press.

Bentham, Jeremy (1970 [1780 \]) *An Introduction to the*

Principles and Morals of Legislation, ed. J. H. Burns and H. L.
A. Hart, New York: Oceana.

——(1975 [1864]) *The Theory of Legislation, ed.* Upendra
Baxi, New York: Oceana.

Blackstone, William (2001 [1765 – 69]) *Commentaries on the
Laws of England,* ed. Wayne Morrison, London: Cavendish
Publishing.

Bogdanor, Vernon (2004) 'Our New Constitution', 120 *Law
Quarterly Review,* 242 – 62.

Bogdanor, Vernon (ed.) (2005) *The British Constitution in the
Twentieth Century,* Oxford: Oxford University Press.

Bradley, A. W. and K. D. Ewing (2002) *Constitutional and
Administrative Law,* Harlow: Pearson.

Bromley, P. M. (1976) *Family Law,* London: Butterworths.

Carroll, Lewis (1996 [1872]) *Through the Looking Glass —
And What Alice Found There, London: Macmillan.*

Cicero (2000) *Defence Speeches,* translation by D. H. Berry,
Oxford: Oxford University Press.

Darbyshire, Penny (1991) 'The Lamp That Shows That
Freedom Lives — Is It worth the Candle?' *Criminal Law Review*
740 (October).

De Mello, Rambert (ed.) (2000) *Human Rights Act* 1998,

Bristol: Jordan Publishing.

Denning, Lord (1979) *The Discipline of Law*, London: Butterworths.

——(1980) *The Due Process of Law*, London: Butterworths.

——(1983) *The Closing Chapter*, London: Butterworths.

——(1984) *Landmarks in the Law*, London: Butterworths.

Devlin, Sir Patrick (1965) *The Enforcement of Morals*, Oxford: Oxford University Press.

——(1966) *Trial By Jury* (The Hamlyn Lectures), London: Stevens.

Dicey, A. V. (1893 [1885]) *Introduction to the Study of the Law of the Constitution*, London: Macmillan.

——(2001 [1905]) *Lectures on the Relation Between Law and Public Opinion in England During the Nineteenth Century*, University Press of the Pacific.

Durkheim, Emile (1984 [1893]) *The Division of Labour in Society*, Basingstoke: Macmillan.

Edwards, J. (1964) *The Law Officers of the Crown*, London: Sweet & Maxwell.

Engels, Frederick(1969 [1845]) *The Condition of the Working Class in England*, London: Panther.

France, *Anatole* (1923 [1894]) *Le Lys Rouge*, Paris: Calmann-

Levy.

Frankfurter, Felix (1965) *Of Men and Law: Papers and Addresses of Felix Frankfurter* 1939—1956, ed. Philip Elman, North Haven, CT: Archon Books.

Furmston, Michael (1981) 'Ignorance of the Law', *Legal Studies*, Vol. 1, 36—55.

Gray, John (2002) *Lawyers' Latin: a Vade-Mecum,* London: Robert Hale.

Gray, Kevin and Susan Francis Gray (2001) *Land Law,* London: Butterworths.

Green, Kate and Joe Cursley (2001) *Land Law,* Basingstoke: Palgrave.

Griffith, J. A. G. (1977) *The Politics of the Judiciary,* London: Fontana.

Grove, Trevor (1998) *The Juryman's Tale,* London: Bloomsbury.

——(2002) *The Magistrate's Tale,* London: Bloomsbury.

Hamson, Charles (1955) *The Law: Its Study and Comparison,* Cambridge: Cambridge University Press.

Hansen, M. N. (1999) *The Athenian Democracy in the Age of Demosthenes,* Bristol: Classical Press.

Harding, A. (1996) *A Social History of England,*

Harmondsworth: Penguin.

Harris, Brian (2006) *Injustice: State Trials from Socrates* to *Nuremberg*, Stroud: Sutton Publishing.

Hart, H. L. A. (1961) *The Concept of Law*, Oxford: Clarendon Press.

Herbert, A. P. (1969 [1935]) *Uncommon Law*, London: Methuen.

Judicial Studies Board (2005 – 08) *Strategy*, London: Department for Constitutional Affairs.

Lee, Harper (1997 [I960]) *To Kill a Mocking Bird*, London: Arrow Books.

Lidstone, K. W., R. Hogg and F. Sutcliffe (1980) *Prosecutions by Private Individuals and Non-Police Agencies*, London: HMSO.

Lloyd, Denis (1964) *The Idea of Law*, Harmondsworth: Penguin.

Maine, Henry (1905 [186]) *Ancient Law*, London: John Murray.

Malleson, K. (1999) The New Judiciary——the effect of expansion and activism, Aldershot: Ashgate.

Markesinis, B. S. and S. F. Deakin (1999) *Tort Law*, Oxford: Clarendon Press.

Matthews, Paul and John Foreman (eds) (1993) *Jervis on Coroners*, London: Sweet & Maxwell.

McKendrick, Ewan (2003) *Contract Law*, Basingstoke: Macmillan.

Megarry, R. E. (1973) *A Second Miscellany-at-Law*, London: Stevens & Sons Ltd.

——(2005) *A New Miscellany-at-Law*, Oxford: Hart Publishing,

More, Sir Thomas (2004 [1516])*Utopia* (translation by Paul Turner), London: Penguin.

Norrie, A. (1993) *Crime, Reason and History*, London: Butterworths.

Oliver, Dawn and Gavin Drewry (eds) (1998) *The Law and Parliament*, London: Butterworths.

Pollock, F. and F. W. Maitland (1968) *History of English Law*, (second edn), Volume 1, Cambridge: Cambridge University Press.

Radzinowicz, Leon (1956) *A History of English Criminal Law*, Vols. I, II, London: Stevens & Sons.

Reid, Lord (1972)'The Judge as Law Maker', *Journal of the Society of Public Teachers of Law* 22.

Rose, David (1996)*In the Name of the Law*, London: Jonathan

Cape.

Sanders, A. (1997) 'Criminal Justice: the development of criminal justice research in Britain', in P. Thomas (ed.), *Socio-Legal Studies*, Aldershot: Dartmouth, 185—205.

Sharpe, J. A. (1984) *Crime in Early Modern Britain* 1550—1750, *London: Longman*.

Shetreet, Shimon (1976)*Judges on Trial: A Study of the Appointment and Accountability of the English Judiciary, Amsterdam: North-Holland Publishing Company.*

Sigler, J. A. (1974) 'Public Prosecutions in England and Wales', *Criminal Law Review*, 642 – 51.

Simpson, A. W. B. (1988) *Invitation to Law*, Oxford: Blackwell.

——(1995) *Leading Cases in the Common Law*, Oxford: Clarendon Press.

Stafford, R. J. (1989)*Private Prosecutions*, London: Shaw & Sons.

Stein, P. (1984)*Legal Institutions*, London: Butterworths.

——(1999) *Roman Law in European History*, Cambridge: Cambridge University Press.

Strickland, Rennard (1997)'The Cinematic Lawyer: the Magic Mirror and the Silver Screen', *Oklahoma City University Law*

Review, 22 (1): 13.

Symonds, Arthur (ed.) (1989[1835]) *The Mechanics of Law Making*, Cambridge: Chadwyck-Healey in association with the British Library and Avero Publications.

Thompson, E. P. (1975) *Whigs and Hunters: the origin of the Black Act, Harmondsworth: Penguin.*

Wendell Holmes, Oliver (1991 [1881]) *The Common Law*, New York: Dover Publications.

Williams, Glanville (1983) *Textbook of Criminal Law*, London: Stevens.